# LOS PROFETAS

ESTRELLAS QUE ILUMINAN EL HORIZONTE HUMANO

# LOS
# PROFETAS

Nevzat Savaş

Traducido por Kubra Sari y F. Mehmet Siginir

*Light*

Nueva Jersey
2006

*Publicado Por* The Light, Inc.
26 Worlds Fair Dr. Unit C
Somerset, New Jersey, 08873, USA

http://www.thelightpublishing.com

*Editado por* Juan Pedro Andújar García y F. Mehmet Siginir
*Corregido por* Clara Velez
*Traducido por* Kubra Sari y F. Mehmet Siginir


Se encuentra disponible en el catálogo de publicaciones de la Biblioteca del
Congreso de los Estados Unidos de Norteamérica

ISBN 1-932099-71-9

*Impreso por*
Çaglayan As. Izmir, Turquía,
Marzo 2006

# ÍNDICE

# INTRODUCCIÓN

Son las estrellas que resplandecen en el horizonte de la humanidad. Son los guías que Dios ha creado con esmero y ha enviado al mundo. Son los salvadores en quien confiar cuando las tinieblas reinan en el horizonte del espíritu humano. Son los profetas, la paz y las bendiciones estén con ellos.

En este libro queremos intentar darlos a conocer en la medida de lo posible. Quizás este propósito equivalga a una pequeña gota de agua en el extenso océano, pero la realidad es que todos ellos están más allá de cualquier descripción.

Nuestro objetivo principal no era narrar sus vidas con detalle. He aquí solamente unos episodios cruciales de sus vidas. Hemos intentado dibujar sus retratos psicológicos y narrar en lo posible lo ocurrido en tal período de la historia. Nos hemos esforzado en mencionar que todos los Profetas fueron creados procediendo de un mismo origen y siguieron durante sus vidas por el mismo recto camino. Hemos reconocido a Noé a través de Moisés, y a Abraham al viajar con Jesús. Hemos narrado insistentemente que no hay diferencia alguna entre las doctrinas de Salih y Juan. Finalmente, nos hemos sentido afortunados de pertenecer a la Umma —la comunidad musulmana— del Profeta cuya misión se extendió por todo el mundo, el último de la cadena de los Profetas, del Profeta de los Profetas: Muhammad, que Dios le bendiga y salve.

Son los fieles acompañantes de la humanidad que marcha hacia el Día del Juicio Final y que ejecutaron su misión perfectamente, con la misma visión. Lo que debemos hacer es comprenderles y no abandonar esta sagrada marcha.

Puede que los pueblos, los métodos de enseñanza y los acontecimientos de cada Profeta fueran diferentes según las necesidades de cada nación. Pero todos tenían el mismo espíritu y profesaban la misma religión. Enseñaban a la gente la devoción a Dios de un modo tal que los ángeles les admiraban. Ni la más mínima acción incorrecta podía albergarse en sus sueños. Pensaban en una sola cosa: la complacencia de Dios, la Voluntad Divina. Para ellos el único significado de la vida era guiar a los seres humanos por los caminos que les llevaran hasta Dios, en esta vida transitoria. Intentaban que el número de viajeros hacia el paraíso llegara a ser millones. Un Profeta sería feliz arrebatandole al infierno uno de sus condenados y guiándolo por el camino de Dios. Para ellos predicar la palabra de Dios era tan importante como el agua o el aire lo es para los seres vivos.

Es obvio que hay más profetas que los que se mencionan en el Corán y no tenemos mucha información acerca de ellos pero, ¿En qué se diferencian sus historias? ¿Cuáles de ellos no tuvieron en sus vidas penas, sufrimientos y ensalzamiento de la fe? Por ejemplo, Enoch es uno de ellos; Seth, Ilyas, Elyasa, Zul Kifl, Josué y Lokmán también. Pero hay más profetas a los que no conocemos por sus nombres. De acuerdo con lo dicho por nuestro Profeta (que Dios le bendiga y salve) el número de profetas se encuentra en torno a 124.000 ó 224.000.

Al preparar este libro hemos usado como fuentes principales la magnífica obra de Fethullah Gülen, *Aspectos de Su Vida: El Profeta Muhammad,* los escritos de Sabúni, *An-Nubuvvati va'l Anbiya,* los estudios de un erudito egipcio, Muhammad Mutavalli As-sa'ravi, *Anbiyaullah,* y en especial la obra de un maestro egipcio, *Anbiyaullah li'l—Atfal,* del escritor Ahmet Behçet.

Hemos intentado dibujar sus perfiles en la medida de lo posible. Puede que les hayamos minusvalorado y subestimado con nuestras palabras. Lo que nos consuela es nuestra sinceridad. Lo que adorna este libro es el encanto que emana de los Profetas. La belleza les pertenece a ellos y las faltas las asumimos nosotros. Seríamos felices si nuestros Profetas aceptaran de buen grado este modesto trabajo.

*Nevzat Savas*
Estambul 2002

# EL PROFETA ADÁN

## (Que la paz y las bendiciones de Dios estén con él)

Cada historia empieza en un lugar y en un momento determinado y habitualmente el héroe es un ser humano. Se empieza generalmente con «Érase una vez...», «Antiguamente...» o «Hace miles de años...» pero lo que contaré a continuación es diferente, porque nuestra historia se inicia antes de la creación del ser humano. Al principio de esta historia no existían ni el tiempo ni el espacio.

Anterior al tiempo... Anterior al espacio...

Solamente existía Dios, que alabado sea, y no había nada más que Su Presencia. La paz y la magnificencia, la belleza y la grandeza infinitas sólo Le pertenecen a Dios. No existía ni la Tierra, ni la Luna y el Sol, ni las estrellas, sino solamente Su Luz Divina. La razón no tenía ningún poder ni ninguna capacidad para comprender dicha Luz. Es algo tan imposible como si un niño que está cavando un hoyo en la playa intentáse meter toda el agua del mar allí.

Como he dicho antes, anterior al tiempo... anterior al lugar...

Dios quiso crear la existencia, la Tierra, el Sol, la Luna y las estrellas... Adornar el mundo con mares azules y peces en sus aguas, con los vientos que corren, con flores de muchos colores y mariposas que juegan con ellas, con las aves que surcan los cielos...

Cuando Dios quiere algo Su orden es tan sólo «¡Sé!» y entonces se hace realidad.

Dios quiso que el Universo, el Mundo y todas sus criaturas fueran creados en seis días. De este modo se creó el Universo, aunque estos seis días son diferentes de los días humanos porque un día de la Tierra se completa con una vuelta de ésta alrededor de sí misma, claro que en estos tiempos no existían ni el mundo ni el Sol... entonces, el concepto de día era también diferente. Llamamos a estos días «los Días Divinos».

Estos días tienen peculiaridades propias. Quizás un día divino es igual a miles de años, miles de siglos terrenales. Nadie puede saberlo porque es una información oculta y está fuera de los límites de la inteligencia humana. Solamente se podría saber si Dios así lo quisiera.

Dios nos informa que ha creado los Cielos, la Tierra y todas las criaturas en seis días y es el Único Señor y Soberano del Universo. Además todas las criaturas reverencian Su poder magnífico. Se postran ante Su eterna excelencia y admiran Su belleza incomparable.

Todas las criaturas Le necesitan para sobrevivir pero Él no necesita a nadie ni a nada porque es el Dueño, el Señor de todo, Él es la riqueza infinita. Todas las criaturas en el Universo precisan Su generosidad. Dios creó a las criaturas de la luz en los Cielos, creó a los ángeles como soldados bajo sus órdenes. Ellos no saben ni comprenden el significado de la rebeldía, siempre obedecen Sus órdenes fielmente.

Más aún, Él creó a los genios procedentes del fuego, les hizo invisibles, les permitió habitar en el Cielo y en la Tierra. Algunos son malvados pero otros son buenos. Vivieron en el mundo también criaturas gigantes pero eran rebeldes y luchaban entre si sanguinariamente.

Más tarde, la Voluntad Divina quiso crear al ser humano. Les dijo a los ángeles:

— *Crearé un ser que guíe la Tierra.*

Los ángeles observaron el mundo y vieron que todas las criaturas eran malignas y rebeldes. Por el contrario ellos —los ángeles– siempre daban gracias a Dios y se postraban ante Su eterna Excelencia, adoraban Su belleza impecable y Le rezaban. Los ángeles Le preguntaron para mostrar su disposición a aprender:

— ¿Quieres crear a alguien que siembre el mal y derrame sangre, mientras nosotros Te alabamos, celebramos Tu grandeza y proclamamos Tu santidad?

Los ángeles eran criaturas puras. No pensaban sino en la bondad. Por eso, suponían que el objetivo de la creación era la adoración y dar gracias a Dios. No sabían nada más, pues este era el único objetivo de su existencia. Era obvio que no conocían los misterios de la creación de los diferentes seres. Dios respondió:

— *Yo sé aquello que no sabéis. Sé por qué crearé a Adán[1]; hay tantas cosas que no conocéis.*

Adán no sería como las criaturas sanguinarias del mundo ni tampoco sería como los ángeles. Era diferente, una nueva criatura. Fue creado para desvelar en la Tierra un gran secreto divino: la sabiduría de la ciencia.

Dios les dijo a los ángeles que crearía al ser humano del barro y le daría vida dotándole con una forma bella. Entonces los ángeles se postrarían ante él. No era adoración sino una muestra de respeto. El sumo creador tomó un puñado de tierra. En éste había varios colores: negro, blanco, amarillo, rojo, etc. Por eso los seres humanos tienen diferentes tonos de piel. Derramó agua sobre el puñado de tierra y elaboró barro, dotándole al final de forma humana y de alma.

Más tarde el cuerpo de Adán cobró vida y se movió. Empezó a respirar... Abrió los ojos... Miró a su alrededor... Y vio a los ángeles que se postraban, excepto uno, que permanecía de pie y no lo hacía. Adán no sabía de qué clase era esta criatura ni quién era. Aún no sabía cómo se llamaba.

Dios preguntó al que no obedeció la orden de postrarse:

— *Iblis, ¿por qué no te has postrado ante aquel que he creado con Mis manos?*

Iblis le respondió en voz baja:

— Yo soy superior a él; lo has creado del barro y a mí, del fuego.

— *¡Márchate de aquí! ¡Date por expulsado! ¡Te maldigo hasta el Día del Juicio Final!*

Iblis fue expulsado de la misericordia de Dios pero siguió amenazando a Adán. Decía con insolencia que era superior a éste.

Adán se conmovía cuando veía lo que estaba pasando a su alrededor... El amor, el miedo y el horror... Amor hacia el único Creador que le había creado y le había ensalzado de entre todas las criaturas dando la orden de postrarse a los ángeles. Miedo ante el enfado divino, que excluyó a Iblis de la misericordia. Y por último, el horror hacia el tratamiento rencoroso de Iblis, lleno de un odio que anhelaba todo el mal para Adán.

---

1    En el Corán es nombrado como «Adem».

Adán conoció a su enemigo en los primeros minutos de su vida. Cuando Dios dio la orden de postrarse, Iblis estaba entre los ángeles. Pero no era un ángel, sino un genio malvado.

Al desobedecer la orden de postrarse ante la existencia de Adán, fue excluido de la misericordia divina. Adán comprendió que Iblis era el símbolo de la maldad. Y que los ángeles son el símbolo de la bondad pero ¿y él? ¿Qué representaba él? No sabía nada de esto, ni tenía una opinión formada.

Por fin, Dios le reveló los secretos de su existencia y de su estructura, las razones de que sea superior a los demás. Adán escuchó a Dios y de este modo aprendió todos los nombres de la creación.

Enseñó a Adán la ciencia de nombrar las cosas, le enseñó los secretos para representar a las criaturas con símbolos: esto es un pájaro, una estrella, un árbol, una montaña, una manzana, etc. Adán aprendió los nombres de todas las criaturas. Aquí el nombre no es algo tan simple; significa la ciencia, la razón. El objetivo de la creación del ser humano, el misterio que hace a Adán superior al resto de las criaturas. Luego Dios se dirigió a los ángeles y dijo:

«¡*Decidme los nombres de las criaturas!*»

Los ángeles miraron a las cosas pero no pudieron pronunciar ni siquiera un solo nombre. Confesaron su ignorancia y pidiendo perdón dijeron:

«¡Oh, Sublime! ¡Gloria a Ti! No sabemos más que aquello que Tú nos has enseñado. Es obvio que eres el Omnisciente, el Sabio. Comprendimos una vez más que Tu sabiduría es eterna y hay miles de secretos escondidos en Tus actos».

Entonces Dios le dijo a Adán:

«¡*Infórmales acerca de los nombres!*»

Adán nombró cada cosa y dio información sobre las criaturas a los ángeles que le escuchaban con suma atención y admiración. Sí, él lo sabía, poseía la misteriosa capacidad del saber. Era la cualidad que le hacía superior a los demás: la capacidad de aprender y enseñar.

Entonces los ángeles comprendieron la razón de la orden de postrarse ante él. Más aún, comprendieron la razón del nombramiento de

Adán como califa de Dios en la Tierra: era la información, la ciencia. Construiría civilizaciones y daría forma a la vida terrenal gracias a la ciencia.

A veces, Adán compartía lo que sabía con los ángeles. Pero, la mayor parte de su tiempo, los ángeles veneraban a Dios. De vez en cuando Adán se sentía solo. Un día, al despertarse, vio a una mujer. Estaba de pie y mirando a Adán con resplandecientes ojos. Adán le dijo:

— No estabas aquí antes de que me durmiera, ¿verdad?

— Sí.

— Entonces, ¿viniste cuando estaba durmiendo?

— Si, es cierto.

— ¿De dónde viniste?

— De ti, tú me originaste. Cuando estabas durmiendo Dios me creó de una de tus costillas.

— Y ¿por qué te creó Dios?

— Para que no te sientas solo y seamos felices.

— ¡Gracias a Dios! De verdad que empezaba a sentirme solo.

Los ángeles preguntaron a Adán el nombre de la mujer:

— Eva, les dijo.

— ¿Por qué Eva?—preguntaron los ángeles.

— Porque es carne de mi carne, es parte de mí. Eva significa la que está viva, el ser.

Dios ordenó a Adán y Eva habitar en el Paraíso. Entraron juntos en el paraíso y vivieron allí felices, con comodidades, de manera relajada. Aunque también tuvieron la más amarga experiencia de su vida.

La vida en el Paraíso fue como un dulce sueño.

A veces, cuando soñamos, distinguimos algunas cosas buenas y queremos que se hagan realidad: cuando las realizamos somos felices como pájaros surcando los cielos. En el Paraíso los sueños se realizan aunque estos sean imposibles. Lo que se desea se hace realidad de repente, basta con desearlo de corazón. Se realizan los sueños, la comida y bebidas se encuentra en abundancia, la comodidad, la tranquilidad y la felicidad... Los colores de las criaturas del Paraíso son transparentes y luminosos. Hay olores agradables en todos los lugares, paisajes mágicos.

Adán estaba rodeado por innumerables bendiciones y Eva había sido creada para completar su felicidad. Ya no se sentía solo. Daban paseos, se divertían juntos, compartían sus ideas y su felicidad. Escuchaban los cantos de los ruiseñores sobre las ramas de los árboles del Paraíso, los rezos de los ríos que seguían su curso, la mágica música del Universo ajenos a lo que significaban las penas y el dolor. Se conmovían y veneraban a Dios.

Dios (alabado sea) les permitió disfrutar de todo lo que desearan, dónde y cuándo quisieran, a excepción de un árbol: «*¡No os acerquéis a este árbol! ¡Si no, os causareis mucho mal, formareis parte de los injustos!*». Es posible que éste fuera el árbol del mal, de las penas.

Adán y Eva sabían que no tenían que acercarse a este árbol prohibido. Pero Adán era humano[2]. Como las intenciones de Iblis eran perversas y sabía que Adán era un ser humano y, por ende, débil, le susurraba sin parar al oído con gran rencor:

«¿Sabes por qué está prohibido acercarse a este árbol? Porque es el árbol de la inmortalidad. Cuando comáis de sus frutos seréis inmortales. Seréis ángeles hasta la eternidad».

El tiempo pasaba y cada día Iblis intentaba inculcar pensamientos malignos en la mente de Adán y Eva. Por fin, decidieron comer de los frutos del árbol prohibido. Se olvidaron de que Iblis era su mayor enemigo. Adán tomó una fruta de las ramas del árbol y se la dio a Eva. Eva la comió y luego Adán también.

Al comer la fruta del árbol prohibido empezó a dolerle el corazón a Adán. Sintió pena, tristeza y arrepentimiento. La mágica música que le emocionaba cesó y todo lo que había a su alrededor adquirió colores marchitos, como un día de luto. De repente se dio cuenta de que estaban desnudos. ¡Señor Mío! Se avergonzaron y recogieron hojas para taparse, para cubrir sus cuerpos.

---

2    Humano: la palabra en lengua árabe para humano es «insan» y en dicha lengua «insan» procede de la etimología *nisyan* que significa «aquel que se olvida, el que tiene sentimientos complejos en corazón, aquel con un espíritu débil».

Dios les ordeno abandonar el Paraíso, Adán y Eva descendieron al mundo y abandonaron la feliz condición en la que se encontraban. Ya no estaban en el Paraíso. Adán gemía de arrepentimiento, Eva lloraba de tristeza. Retornaron a la misericordia de Dios gracias a las Palabras reveladas por Él.

Como Dios es el Misericordioso, les perdonó pero a partir de ese momento vivirían en el mundo hasta el Día del Juicio Final.

Así empezó la vida terrenal, trabajos sin cesar en la Tierra, dificultades y cansancios interminables... Adán comprendió que salir del Paraíso había significado dejar atrás la comodidad, la tranquilidad y los beneficios sin esfuerzos.

Aquí, en el mundo, debían construir sus hogares. Debían sembrar y segar, cultivar la tierra en suma, para poder alimentarse. Se veían en la necesidad de coser ropas para taparse así como armarse para proteger a su familia de los animales salvajes.

Especialmente, no tenían que olvidar su lucha contra Iblis, el cual era la verdadera causa de la expulsión del Paraíso. Mas Iblis intentaba tentar a sus hijos también.

La lucha entre la bondad y la maldad duraría sin cesar. No hay miedo ni pena para aquel que confíe en Dios. Si hay pena y castigo para quien rechace las palabras reveladas y obedezca a Iblis, en ese caso juntos arderán en el fuego del infierno. Esta regla no cambia nunca.

Adán lo comprendió gracias a las dificultades de la vida y sufría por ello. A pesar de todo, haber venido al mundo como un rey le consolaba en su tristeza. Él era el Señor de la Tierra. Sembraría y segaría, levantaría civilizaciones, pueblos, ciudades, tendría hijos e hijas y daría forma a las cosas para que lo bello fuera aún más bello todavía.

La vida es una prueba y el mundo era el lugar en el que se desarrolla dicho examen. Adán y Eva tuvieron muchos hijos y nietos. Les instruían la obediencia a Dios y les advertían de las trampas de Iblis, ya que aprobar el examen de este mundo significaba vencer a Iblis.

Ambos empezaron a tener descendencia y cada vez nacían hermanos gemelos: una hija y un hijo. Adán emparejaba un hijo de un parto con una hija del otro. Pero Caín, uno de los hijos de Adán, quiso casarse con la hermana nacida del mismo parto y, según la norma de Adán, la chica joven tenía que casarse con Abel (el otro hijo de Adán). Caín insistió en casarse con la chica. Entonces, Adán les sugirió hacer una ofrenda a Dios para que aceptara a uno de ellos y de este modo se casaría con la joven. Abel ofreció su más querido y rollizo carnero pero Caín ofreció uno flaco. Dios aceptó la ofrenda de Abel.

Iblis inculcó en Caín rencor y odio, engañándole. Le gritó a su hermano Abel:

— ¡Te mataré!

Abel tenía una personalidad tranquila. Le respondió a Caín:

— Si tú me pones una mano encima para matarme, no responderé a tu afrenta pues temo a Dios, el Señor del Universo.

Iblis estaba jugando con la mente de Caín. La Tierra vería la discordia por primera vez de manos de Caín.

Hacía mucho calor. Abel estaba durmiendo bajo la sombra de un árbol. Caín estaba escondido, salió, portando el hueso de un animal muerto. Se acercó a Abel y le golpeó en la cabeza con el hueso. La inocencia de la cara de Abel estaba manchada de sangre, Abel murió. Este fue el primer asesinato en la Tierra. Había caído en el juego del demonio. Era una trampa de Iblis para toda la humanidad. Y sin embargo, ¡cuántas veces Adán les había advertido de él!

Cuando vio el cadáver de su hermano, Caín se despertó de una pesadilla. Allí, Abel yacía sin moverse. Le sacudió el hombro pero no sirvió de nada. Gritó de arrepentimiento. Era inevitable, le dio pánico pensar en dónde ocultar el cadáver. Más tarde, oyó el ruido de un cuervo. Caín vio que un cuervo negro horadaba la tierra al lado de otro cuervo muerto. Quizás había matado a su hermano también. Después, el cuervo llevó el cadáver de su hermano al agujero y lo enterró. Caín se dijo a sí mismo:

«¡Ay de mí! ¡No soy capaz de ser ni siquiera como este cuervo!»

Luego, hizo un agujero en la tierra, enterró a su hermano y se escapó lejos de allí; el asesino huyó después de esconder el cadáver.

El Profeta Muhammad (que Dios le bendiga y le salve) estaba hablando con sus discípulos. Cuando recordó el primer asesinato en la tierra pronunció estas hermosas palabras: «A Caín se le responsabiliza con el mismo castigo por cada asesinato que se comete en la Tierra porque es el primer asesino en el mundo».

Cuando Adán se enteró del asesinato, se apenó. Aunque había advertido acerca de Iblis a sus hijos, uno de ellos fue engañado y no pasó la prueba terrenal. Ese era el significado de la aventura en el mundo: luchar contra Iblis hasta la eternidad para poder regresar al Paraíso perdido.

El tiempo avanza inexorablemente...

Los días siguieron a las semanas, las semanas a los meses, los meses a los años... Pasó el tiempo y una noche soplaba un fuerte viento... Temblaron las hojas de un árbol viejo que Adán había plantado con sus propias manos. Las ramas del árbol se inclinaron hacia la superficie del lago que se encontraba delante. Los frutos rozaban el agua. El árbol se alzó cuando el viento cesó. El agua se filtró entre las ramas, cayendo por éstas un sinfín de gotas: el árbol estaba llorando, inclinado hacia el lago...

El árbol estaba muy triste. Le temblaban las hojas y las ramas. Las estrellas centelleaban en el cielo también. La Luna estaba mirando al mundo con un semblante resplandeciente como la plata. Sentía que estaban ocurriendo cosas importantes pero no sabía qué eran. Entonces ordenó a los rayos de luz:

«¡Id al mundo e informadme!»

Los rayos de luz se elevaron y alcanzaron el mundo. Iluminaron las montañas, los ríos, los mares y los valles y se sobrecogieron pues todas las criaturas lloraban cabizbajas. Los rayos de luz de la Luna entraron en la habitación de Adán para conocer el misterio del luto que envolvía toda la Tierra. La luz alumbró la cara de Adán. Estaba pálida pero feliz. La Luna comprendió que el momento de su última exhalación estaba próximo... Y rompió a llorar.

La habitación de Adán era muy sencilla. Una cama elaborada de ramas y rosas, y sobre ésta un hombre inocente con barba blanca: Adán. Sus hijos le rodeaban, esperaban las palabras que iban a salir de su boca, su testamento.

Adán habló y se dirigió a todos sus descendientes.

— Tan solo hay una embarcación a la que poder aferrarse, para lograr la salvación de toda la humanidad. Únicamente tenemos un arma para luchar contra Iblis—dijo.

Esta embarcación es la fe y el arma es la Revelación Divina mediante los Profetas. En la lucha del ser humano contra Iblis, Dios ayudaría a los humanos. Les enviaría guías y profetas que los llevaran de vuelta al Paraíso. Quizás tuvieran diferentes nombres, hicieran diferentes milagros, con diferentes cualidades pero convergirían todos en un mismo punto: la obediencia a Dios, que es el Único.

Adán, aquél que fue el primer hombre y el primer Profeta, enunció su testamento. Cerró los ojos que ya le pesaban mucho. De repente vio a los ángeles que le rodeaban y le saludaban. Su vista se fijo en uno de ellos: el ángel de la muerte. Tenía un corazón lleno de serenidad… sonrió y su alma se llenó con los aromáticos y agradables olores del Paraíso.

# EL PROFETA NOÉ

## (La paz y la bendición de Dios estén con él)

Habían pasado muchos años tras la muerte de Adán. Antes del nacimiento de Noé[3], vivieron cinco personas rectas y honradas en el mundo: Wudd, Suwa'a, Yaghuz, Ya'uq y Nasr. Cuando ellos murieron la gente construyó sus estatuas para recordarles.

Las generaciones se siguieron las unas a las otras. Murieron los progenitores, siguiéndoles sus descendientes. Pero éstos olvidaron por qué sus padres habían construido las estatuas. Iblis, el demonio, aprovechó esta oportunidad y les engañó. Logró convencerles de que estas figuras eran unos dioses. La gente empezó a adorar estos falsos ídolos.

Cuando se inició esta idolatría todo lo que había en el mundo empalideció. Toda la belleza se extinguió y la creación perdió su verdadero significado. La maldad empezó a gobernar el mundo; la vida se convirtió en un verdadero infierno insoportable.

Tras el olvido de Dios y la adoración de las estatuas, la situación sólo podía ser esta. Los falsos dioses podían ser una escultura de roca, un vellocino de oro o incluso un hombre de carne y hueso. Dios envió a Noé a la humanidad en este contexto para que les recordara el mensaje de Dios y les guiara por el camino recto.

Noé no era un rey ni un soldado de alta graduación, ni tampoco una persona adinerada de su sociedad, sino el más honrado de su tiempo, ya que la grandeza no se mide por la situación económica ni el estrato social. La verdadera grandeza es la tranquilidad espiritual, tener la conciencia limpia y los hermosos pensamientos sublimes que adornan el espíritu humano.

---

3    En el Corán es nombrado como «Nuh».

Noé tenía una cualidad más que le hacía ser un gran hombre: siempre veneraba a Dios... Al acostarse y al despertarse, al comer y al beber, al vestirse, al entrar en casa y al salir... Siempre recordaba los beneficios eternos de Dios y Le daba gracias por ellos. Para apreciar dicha cualidad, Dios hablaría de Noé a su último Mensajero Muhammad (que Dios le bendiga y le salve) en el Sagrado Corán del siguiente modo: «Él fue un auténtico siervo agradecido a Dios».

Dios eligió a Noé, que era un siervo agradecido. Noé, en cuanto pudo hablar con los suyos les dirigió estas palabras: «Obedeced y venerad a Dios que es el Único. No hay otro señor más que Dios. Si no abandonáis a vuestros dioses, me temo que os alcanzará un castigo doloroso».

Noé advirtió a su pueblo día y noche acerca de que Dios era el Único Creador. Dijo que ya era hora de librarse de las malas artes de Iblis. Les contó la importancia con la cual Dios dotó a los humanos... Cómo los había salvado de las tinieblas y les había otorgado beneficios eternos, les sugirió usar la razón en el camino recto... Les hizo recordar que la idolatría era análoga a encarcelar y ahogar la razón.

La gente le escuchó en silencio. Noé influyó en gran medida en sus cerebros entorpecidos.

Imaginad a un hombre durmiendo junto a una pared que está a punto de derrumbarse y alguien que pasaba por allí corre para salvarle de la catástrofe que va a ocurrir en unos minutos, le sacude por el hombro, entonces se despierta de repente asustado pero no ve la pared que se va a derribar hacia él y se enoja con el hombre que quiere salvarle... Este hombre de buena voluntad es Noé y el que no se percata de que está siendo salvado es su pueblo.

La maldad que campaba a sus anchas por el mundo oía estas palabras y las temía. Las palabras de amor de Noé destronaban el odio de Iblis. Hubo diferentes reacciones ante el mensaje de Noé. Sus palabras ayudaban a los pobres, a las víctimas, a los desamparados; resolvían sus problemas y curaban sus heridas abiertas. Solamente estos grupos aceptaron a Noé.

Pero los poderosos, los que explotaban a su pueblo, los gobernantes crueles sospechaban de Noé. No les agradaban sus palabras. No querían que él impidiera la táctica que extorsionaba y perjudicaba al pueblo. Por eso lucharon contra Noé. Lo indicaron así: «Dices que eres un profeta pero eres un hombre como nosotros, no existe ninguna diferencia entre nosotros».

Noé no decía sino esto. Sí, era un hombre, un ser humano. Dios elegía a sus Mensajeros de entre los humanos porque eran ellos quienes vivían sobre la faz de la Tierra. Si vivieran ángeles en el mundo, Dios escogería un mensajero de entre los ángeles. Entonces, ¿podrían los humanos actuar como los profetas si ellos fueran ángeles? Un ángel no come, no bebe ni duerme. ¡Cómo podrían vivir entonces como un ángel!

Dios elegía a sus Mensajeros de entre los seres humanos. El Mensajero vivía como un hombre más: comía, bebía, trabajaba y descansaba, paseaba por las calles e iba al mercado. Pero siempre llevaba el Amor Divino en el corazón. Tan sólo tiene un problema: la obediencia de la humanidad hacia Dios. El mayor disgusto para ellos sería que las personas se alejaran de Dios. También se alegra cuando un ser humano es musulmán. Los Profetas son las estrellas del horizonte del espíritu humano. Son como los ángeles del mundo.

La lucha entre Noé y los incrédulos seguía de modo insistente. Señalaron éstos últimos:

— Como ves, no te creen sino los pobres y los vagabundos del pueblo.

Noé respondió:

— Ellos creen que Dios existe y es el Único, así tienen una categoría superior a los demás.

Entonces intentaron acordar un trato:

— Dices que eres un Profeta y quieres que te creamos, entonces tienes que expulsar de aquí a los pobres, los miserables y los vagabundos. Somos los señores del pueblo y somos superiores a los demás, nuestra riqueza nos otorga poder. Es imposible que estemos juntos en el mismo camino

Noé escuchó largo y tendido a los que no le creían. Pero no se enojó con ellos y habló con tranquilidad. ¿Cómo podía rechazar a los creyentes sólo porque eran pobres, débiles y miserables? Ellos eran criaturas invitadas en la casa de Dios, que era un océano de misericordia. Él tiene piedad con quien quiere y nadie puede intervenir en Sus actos. La discusión verbal siguió horas y horas. Noé refutó las ideas que defendían los incrédulos: no pudieron decir nada más que fuera razonable. Entonces empezaron a insultar y amenazar a Noé, diciéndole:

— Eres un loco, dices tontería y estupideces.

Noé les respondió de manera educada:

— ¡Pueblo mío! No soy un loco ni digo tonterías. Soy el Mensajero de Dios que es el Señor del Universo. Mi misión es llamaros al recto camino, haceros recordar lo que habéis olvidado y aconsejaros el bien. Más aún, sé por intervención de Dios lo que vosotros no sabéis.

Noé los llamó durante meses, años... noche y día. En público y en privado, a veces más dulcemente y otras no tanto. Su objetivo era despertar sus cerebros entorpecidos e iluminar los corazones aletargados. Les mostró los fantásticos milagros del Cielo y la Tierra: la Luna, el Sol, las estrellas, los ríos y los mares. Contó que todo el Universo estaba lleno de las luces de los milagros divinos y eternos.

Noé era muy persuasivo, tenía el don de la palabra. Lograba convencer a todo aquel al que se dirigía. Los incrédulos no podían responderle porque decía la verdad. De todos modos, no querían obedecer a Dios y por eso empezaron a evitarlo para no encontrarse con él en cualquier lugar.

Cuando Noé les llamaba al recto camino hacían oídos sordos a sus palabras. No creyeron, ni tampoco querían creer.

Transcurrieron novecientos cincuenta años pero no cambió nada. No aumentó el número de los creyentes. Aunque la situación entristecía a Noé, siempre estaba lleno de esperanza. Llamó a su pueblo al recto camino sin cesar y ellos se obstinaron en no aceptarlo, fueron altivos e insolentes.

Noé estaba triste pero no desesperado puesto que un corazón creyente nunca cae en la desesperación. Habían pasado novecientos cincuenta años de su vida —quizás la vida humana era muy larga en la época anterior del Diluvio Universal o era un beneficio otorgado tan sólo a Noé— y no desistía en su intento.

Por fin, Dios reveló a Noé que creerían los que ya creían y nadie más de su pueblo se uniría a ellos y que no se afligiera por eso. Entonces Noé abrió las manos y pidió a Dios: «¡No dejes a ningún infiel vivo en la Tierra!»

Dios respondió al rezo de su Mensajero y le mandó construir una gran embarcación: el Arca de Noé (nombre establecido por la tradición judeocristiana en castellano). Noé plantó árboles para emplearlos en la construcción de la nave. Pasaron los años, cortó los árboles y los convirtió en traviesas y listones. Empezó a construir la nave. La construcción duró muchos años debido a su inmenso tamaño. Por fin, después de mucho tiempo, terminó de construirla, tenía una eslora y una manga de enormes dimensiones y un puntal con una altura de tres cubiertas. En la primera cubierta Noé colocó a los animales, a los humanos en la segunda cubierta y a las aves en la tercera. Había una puerta con un revestimiento en una banda de la nave. Noé construyó la embarcación tal y como le había inspirado Dios.

Toda la Tierra estaba árida a causa de la sequía; pasaron los años pero no llovía. Se secaron las fuentes y los ríos. Lo que es más, no había un mar próximo.

Cuando los incrédulos se aproximaban al bosque veían que Noé construía la nave y se burlaban de él:

— ¿Vas a hacer navegar el barco en las secas rocas? ¡Eres un loco! — decían y se echaban a reír.

Finalmente, la construcción del barco llegó a su fin y un día, de repente, del horno en la casa de Noé empezó a salir agua. Era el comienzo del Diluvio. Noé embarcó a una pareja de ambos sexos de cada especie animal: un león y una leona, un elefante y una elefanta, etc. Noé había construido jaulas para guardar a los animales salvajes. Después de cargar a todos los animales, embarcaron él y los creyentes, que eran unos pocos.

A Noé le entristecía especialmente que su propia esposat y su hijo no creyeran en Dios. La única condición para embarcar en la nave era la obediencia. Noé les dijo: «¡Embarcad en la nave! ¡Que navegue y nos lleve a buen puerto en el nombre de Dios!»

Pero, ¿cómo pueden ver los que están en el pantano de la desobediencia la verdad? No embarcaron porque no creyeron en Dios y le dieron
la espalda al Gran Salvador. Y el Diluvio comenzó...

Empezó a rebosar agua de todas las grietas de la Tierra y llovía del
cielo una cantidad de agua nunca vista hasta entonces. Se inundaba la
Tierra y se vaciaban los cielos... Como si hubieran sido perforados. El
agua que cubría toda la Tierra empezó a subir de nivel.

Noé llamó a su hijo sintiendo compasión paternal:

— ¡Hijo mío! ¡Sube con nosotros, no estés con los incrédulos!

Solamente los que tenían fe en Dios podían embarcar, por eso, antes de todo, Noé quiso que su hijo obedeciera a Dios. Pero su hijo dijo:

— Me refugiaré en una montaña que me proteja del agua.

Pero en aquel día no había protección para nadie sino para aquellos
de los que Dios tenga piedad. Aquel fue el día del tormento... Es el día en
el que llovió el enfado de los Cielos y la Tierra para todos los incrédulos.

Más tarde, unas olas enormes se interpusieron entre ambos. El joven intentó protegerse en lo alto de las rocas pero nada podía impedir la
cólera de los mares. Una ola tan grande como una montaña golpeó la
roca donde estaba el joven y se lo llevo consigo. Nadie podía salvarse excepto aquellos que Dios protegiera. La Ira Divina había empezado.

El agua subía y se convertía en torrentes... Subió y engulló las grandes montañas y cubrió toda la Tierra convirtiéndose en un gran océano con olas como montañas. Los creyentes en la nave empezaron a rezar y pedir la piedad divina.

No quedó nada vivo en la Tierra excepto las criaturas de la nave. Es
muy difícil imaginar la grandeza y el horror del Diluvio. Era horrible, una
catástrofe increíble que mostraba la Cólera y el Poder Divinos. La embarcación de Noé seguía su rumbo luchando contra olas como montañas.

No sabemos cuánto duró el Diluvio. Un día Dios mandó al cielo
que se despejara y a la Tierra que absorbiera el agua. Dispuso que la nave
se posara sobre la montaña de Yudi. Noé mandó una paloma para que
inspeccionara los alrededores. La paloma regresó llevando en el pico
una rama de olivo. Noé comprendió que el Diluvio había terminado y
que la Tierra se tranquilizaba.

Sí, había terminado el Diluvio y los días llenos de temor habían quedado atrás. A Noé le entristecía que su hijo no hubiera creído en Dios, lo había perdido. Abrió las manos y suplicó a Dios por su hijo:

— ¡Señor mío, Tú que eres el Grandísimo! Mi hijo era parte de mi familia. Lo que Tú prometes es verdad y eres el Soberano de los soberanos.

Dios había prometido proteger a la familia de Noé. Su hijo era de su familia también. Dios dijo:

— *¡Noé! Él no pertenecía a tu familia y sus actos no eran rectos. No creyó en Dios. Prefirió estar en las tinieblas de la desobediencia.*

Sí, su hijo no podía pertenecer a su familia porque rechazó creer en Dios. Para pertenecer a su familia no eran suficientes los lazos de sangre, su hijo tenía que tener una relación de fe con su padre. La verdadera familia de Noé eran los creyentes.

Noé se arrepintió de sus expresiones y pensó que se había equivocado. Lloró, suplicó y pidió perdón días y días. Dios le perdonó y tuvo piedad de él.

Después, le mandó descargar todo lo que había en la nave. Noé dejó a los pájaros y el resto de animales en libertad. Desembarcó y se postró. La Tierra todavía estaba mojada. Tras el rezo, decidió construir una mezquita en la tierra y sin perder tiempo empezó a trabajar. Sería la primera mezquita en el mundo tras el Diluvio. Encendió el fuego y se sentaron todos alrededor del fuego. Estaba prohibido encender fuego en la nave porque una llama podía quemar toda la nave. Hacía varios días que nadie comía caliente. Prepararon comidas sobre el fuego, comieron, conversaron y se divirtieron.

Ya no temían. Hablaban en voz alta. Las sonrisas se convertían en risas que iluminaban los rostros. Pero, no mucho antes, cuando estaban en la embarcación se callaban y guardaban horas del silencio más absoluto, un silencio sepulcral. La Majestad Divina durante el Diluvio les había enmudecido pero ahora tenían caras iluminadas. Así empezó una nueva vida en el mundo...

Corrieron los años... y un día Noé sintió que moriría muy pronto. Reunió a todos sus hijos y les dijo:

— ¡No abandonéis la obediencia a Dios!

# EL PROFETA HUD

## (Que la paz y las bendiciones de Dios sean con él)

Transcurrieron muchos años. Murieron los padres y les siguieron sus hijos. Así pasaron los siglos y las generaciones, la gente olvidó el legado de Noé y empezaron a adorar a las estatuas de nuevo. Abandonaron la obediencia a Dios con el mismo pretexto de sus antecesores, diciendo «¡No tenemos que olvidar a nuestros padres salvados del Diluvio por Dios!»

Hicieron estatuas de cada uno de sus padres. Pasó el tiempo y olvidaron por qué habían esculpido dichas estatuas. Más tarde la reverencia hacia las estatuas se convirtió en una adoración a falsos dioses. Y el mundo se sumergió de nuevo en las tinieblas. La gente se olvidó de los secretos de la Creación; todo el Universo se convirtió en una naturaleza muerta. Entonces, Dios envió a Hud como Mensajero a la tribu llamada Ad, que vivía en la ciudad de Ahqaf[4]. Habitaban una parte del desierto próxima al mar, en una zona en la que había innumerables dunas. Vivían en tiendas de campaña que se erigían sobre gruesos mástiles. En la tribu de Ad vivían las personas más fuertes de aquel tiempo. Tenían unos cuerpos tan musculosos que estaban orgullosos de ello y decían: «No hay nadie más fuerte que nosotros en el mundo».

Pero, por el contrario, no eran personas inteligentes. Las tinieblas cubrían sus mentes. Adoraban a los ídolos, luchaban por ellos, insultaban a Hud y se burlaban de él. Hud les dijo:

— ¡Pueblo mío! ¡Venerad a Dios ya que no hay más deidad que Él!

Era la misma frase que todos los Profetas habían dicho. Cada Profeta decía la misma frase sin temor, sin apenas modificarla. Los dignatarios del pueblo preguntaron:

---

4    Ahqaf en árabe significa «duna», dunas de arena en el desierto.

— ¿Por qué nos dices esas palabras? ¿Qué pretendes? ¿Ser gobernador? ¿Quieres la fama o la riqueza? ¿Para quién trabajas? ¿Quién te paga?

Él les dijo que no quería ningún pago ni salario y que su recompensa sólo sería la complacencia de Dios. Solamente quería que limpiaran sus mentes de las tinieblas de los ídolos y vieran la verdad. Les habló de las lluvias abundantes y de la fuerza que Dios añadiría a las suyas propias. Sí, tras el Diluvio, ellos eran los señores de la Tierra. Dios les había dado muchísimos beneficios como cuerpos fuertes, tierras fecundas y lluvias abundantes que daban vida a las yermas tierras.

Los aditas eran la nación más fuerte de todas. Pero esta situación fue una de las causas de perder la razón y no superar la Prueba Divina. Insolentemente le dijeron al Mensajero:

— ¿Cómo puedes insultar a los ídolos que nuestros padres adoraban?

— Vuestros antepasados se equivocaron.

— ¡Dinos entonces! Después de nuestra muerte y de que nuestros cuerpos se conviertan en polvo, ¿es verdad que se nos resucitará en una nueva creación?

— En el Día de la Resurrección todos los seres humanos volverán a la vida y serán juzgados y castigados por sus errores uno por uno.

— Pero, ¿no es extraño que Dios haya elegido a uno de nosotros, un ser humano, como su Mensajero?

— ¿Por qué no? Dios os ama y quiere advertiros de las maldades; por eso, eligió a uno de vosotros, a mí, y me envió. Creo que no os habéis olvidado del Diluvio, que fue un castigo para la tribu de Noé. Los que negaron la existencia de Dios fueron aniquilados y los que lo nieguen en el futuro serán aniquilados, aunque sean muy fuertes.

— ¿Lo dices en serio? ¿Quién puede vencernos a nosotros?

— ¡Dios!

— ¡Tenemos dioses que nos protegen!

— ¡Qué grandísima equivocación! ¿Hay un poder mayor que el de Dios?

Les contó que Dios es Todopoderoso y que para salvarse de la Ira Divina tenían que suplicarle a Él también. Pero no sirvió de nada.

La lucha de Hud contra su pueblo duró muchos años. Pero cada día los aditas eran más insolentes, se envanecían y desmentían a su profeta Hud. Finalmente acabaron por decir que era un loco: «Comprendemos que nuestros dioses te han trastornado por criticarlos por eso dices esas tonterías. ¡Te desafiamos a que ningún poder nos vencerá! Si es verdad lo que dices, que el castigo del que nos hablas caiga sobre nosotros. ¡Somos el pueblo más poderoso del mundo!»

Hud hizo lo que pudo para salvarles de la aniquilación. Se esforzó mucho en hacerles ver el recto camino, pero tenían cabezas y corazones más duros que las rocas y finalmente no creyeron en Dios. Hud suplicó a Dios y empezó tener presentimientos de lo que después habría de pasar. Ellos querían que viniera la Ira Divina, pero no sabían cuán severa sería.

Era obvio que era la hora del castigo porque la Ley Divina actuaba así. Los que insistían en no creer en Dios serían aniquilados, aunque fueran ricos y poderosos.

Todo el mundo comenzó a esperar aquello que sucedería. En unos días una terrible sequía cubrió toda la Tierra. No llovía ni una gota del cielo. Los rayos abrasadores del Sol añadieron más calor a la temperatura de las arenas del desierto. Hacía mucho calor, como si el Sol fuera una bola de fuego, que todo lo derretía. Al ver la situación las gentes cayeron presas del pánico y fueron a hablar con Hud. Le preguntaron:

— ¿Qué ocurre?

Hud les respondió:

— ¡Es la Ira Divina! Son las señales de un castigo doloroso. Aún no es tarde; suplicad a Dios y os perdonará. Tendrá piedad de vosotros, os enviará lluvias abundantes y os fortalecerá.

Pero ellos se burlaron de él, e insistiendo en su incredulidad, no aceptaron la obediencia a Dios. Pero en caso de que sí hubieran creído en Dios entonces habrían visto que Él tenía misericordia de ellos.

El mismo día Hud, su familia y todos los creyentes abandonaron la ciudad. Llegaron a una duna desde donde podían ver la ciudad. Por última vez miró hacia la ciudad en la que vivían los aditas. Se entristeció mucho y dijo: «¡Pueblo mío! ¡Os he llamado pero no me habéis obedecido!»

Toda la naturaleza se marchitó. Justo en ese momento vino un
grupo de nubes que cubrían todo el cielo. La gente, ya con los labios
agrietados por la sed, que esperaba las lluvias desde hacía muchos días empezó a gritar de alegría: «¡Son las nubes que nos traen la lluvia!
¡Nuestros dioses nos han salvado!»

Pero eran las nubes del castigo doloroso que esperaban una señal
de la Ira Divina, ¿cómo podían saberlo ellos? De repente cambió el aire. Hacía un frío gélido en lugar del calor de días pasados. Corría un
viento que hacía un ruido terrible y provocaba que todo el mundo
temblara hasta la médula, todas las criaturas temblaban; las plantas, los
seres humanos... La tempestad seguía sin cesar. Las noches más frías
seguían a otras aún más, los días más temibles se sucedían. La gente
estaba muy asustada y se escondía en las tiendas pero eso no servía de
nada. El fuerte viento desmontó las tiendas. Entonces se escondieron
bajo las lonas pero el viento las hizo volar. Ya no había ningún refugio
para ellos. No había ningún refugio de la Ira Divina. El viento desgarraba sus vestidos, su piel y sus cuerpos. Mataba a cualquier ser vivo,
destrozaba sus corazones y los arrastraba. La tempestad azotó el lugar
siete días y siete noches. La humanidad no había sido testigo de una
catástrofe tan horrible nunca antes.

A la mañana del octavo día... Dios mandó que la tempestad cesara. De repente todo el mundo enmudeció. Cuando los primeros rayos
de sol cayeron sobre la ciudad había un silencio absoluto. No había
ningún ser vivo, toda la ciudad había quedado en ruinas. En la plaza
solamente había unos troncos de palmera que volaban al viento, estaban totalmente huecos y solamente quedaban las cortezas. Hud y los
creyentes fueron salvados por la misericordia de Dios... Pero no quedó nada de los incrédulos insolentes.

# EL PROFETA SALIH

### (Que la paz y las bendiciones de Dios sean con él)

Los años pasaron, unos nacieron y murieron otros. Tras los aditas, los tamudeos entraron en escena en la historia, y al igual que sus predecesores, tuvieron un triste final también.

Los tamudeos adoraban también a los ídolos. Dios eligió a uno de ellos como Profeta: era Salih. Él comunicó el mismo mensaje que los anteriores Profetas habían expresado: «¡Pueblo mío! ¡Venerad a Dios puesto que no tenéis más deidades que Él!»

Los dignatarios de su pueblo se conmovieron con sus palabras. Salih decía que los ídolos no tenían ningún valor, quería que dejaran de adorarlos y obedecieran a Dios. En el pueblo estas palabras tuvieron el efecto de un terremoto, porque reconocían a Salih como una persona sabia y de confianza. Antes de la Revelación era apreciado por la gente y le respetaban. Al oírle, los que rechazaban su enseñanza dijeron: «¡Salih! Te apreciábamos mucho, confiábamos en ti pero ahora ¿qué te pasa? ¿Quieres que dejemos los dioses de nuestros padres? ¿Qué quieres hacer? ¿Qué te traes entre manos? Ya eres una persona sospechosa».

Su pueblo no lo creyó, sospechaban de sus palabras, en cualquier parte encontraban indicios para desconfiar de él, pensaban que había algo oscuro en él que ellos no conocían. Ya que no tenían más respuestas razonables, empezaron a calumniar a Salih. Siempre los incrédulos empleaban este método. Cuando algunos habitantes del pueblo comenzaron a aceptar las enseñanzas de Salih, los incrédulos intentaron impedirle comunicar su fe con todos los medios que tenían a su alcance. Empezaron a difundir rumores por todo el pueblo de que Salih era un loco. Querían menospreciarlo ante la sociedad. Pensaron que así podían hacer cualquier cosa a una persona que era odiada por la sociedad y de este modo nadie haría nada para impedirlo.

Pero todo el mundo sabía que no había una persona más inteligente y razonable que Salih. Entonces tenían que inventar otra cosa y así dijeron que era un mago. «Sí, es cierto, todos los que habían escuchado sus palabras cambiaban; dejaban de mentir, renunciaban la tiranía y se convertían en personas de buena voluntad; por eso Salih podía ser un mago».

Sin embargo, no era ni un loco ni un mago. Era un Profeta y los Profetas son los más sabios y perfectos individuos de la sociedad. Quien esté con ellos, logra la verdadera felicidad. El que mire a sus caras, se le llena el corazón de tranquilidad. Quien les escuche, se queda encantado como si escuchara los cantos del Paraíso.

Los métodos de los tamudeos para impedirle llevar a cabo su misión fueron en vano. Quedaba únicamente una oportunidad más: quisieron que les mostrara un milagro. Dijeron que si era un mensajero de Dios, ya que su poder incomparable le había sido otorgado mediante un don divino, podía hacer algo milagroso.

Los tamudeos eran personas muy fuertes, como los aditas. Poseían una civilización avanzada. Tenían la habilidad de grabar inscripciones en las rocas y construir casas y palacios en las montañas. Podían dar cualquier forma a rocas enormes y en este campo no había otra nación como ellos.

Querían un milagro. Claro que Dios les mostraría un milagro, un milagro relacionado con las rocas. Llegaron a los pies de una montaña muy alta, al frente iba el profeta y detrás el pueblo. Les mostró una roca grande y gritó:

— ¡Este es el milagro que queríais!

Toda la gente miró a la roca que Salih les mostraba. De repente la roca empezó a temblar y a moverse. Se convirtió en un gran camello hembra y empezó a caminar.

El camello dejó a todos atónitos. Estaba vivo. Podían esculpir estatuas de hombres y de animales pero nadie podía dar vida a las estatuas. Este era el significado del milagro. El milagro traspasaba el poder humano; solamente Dios podía hacerlo. Era la diferencia entre el Arte humano y el Arte Divino. Un escultor puede esculpir un hombre, un animal o una planta pero el único que puede dar la vida es Dios. ¡Es Todopoderoso!

¿Podría ser que los incrédulos que habían visto el milagro creyeran en Él ahora? No. De verdad que no tenían la intención de creer en Dios. Por el contrario, sus corazones se hicieron más duros. Se llenaron de odio y enfado. Pero allí no podían decirle nada a Salih porque les había mostrado el milagro que quisieron de Dios.

Salih dijo que era un animal de Dios y que nadie le hiciera daño. Si no, les alcanzaría un castigo doloroso.

El camello era más que un milagro, era el camello más hermoso del mundo. Era muy grande e inteligente. Toda la gente lo admiraba, podía beber toda el agua de la ciudad de una sola vez dejando al resto de los animales sin agua que beber. Por eso, Salih repartió el agua de la ciudad: un día bebía el camello milagroso y otro día bebían los demás animales.

Los días en los que el camello bebía, lo ordeñaban y obtenían leche suficiente para toda la ciudad. ¡Era un milagro! Conseguían del camello en un día tanta leche como la de todos los animales de la ciudad juntos. Los tamudeos bebían la leche del camello, y lo que es más, su leche era deliciosa. El queso y la mantequilla que preparaban de la leche eran también deliciosos.

Era muy dócil, no hacía daño a nadie y pacía en los buenos pastos de la ciudad. Al verlo la gente se quedaba admirada, era un milagro. Era una fuente de fecundidad para todo el mundo. Tenía suficiente leche para toda la ciudad.

El camello de Salih vivió entre los tamudeos, ante sus ojos. Los que tenían la conciencia limpia aceptaron las palabras de Salih. Pero los que tenían corazones llenos de odio, rencor, obstinación y vanidad no solo no le creyeron sino que se burlaban de los creyentes. El bendito camello que pacía en los prados era la gran prueba de su veracidad. Los incrédulos pensaron que no podían vencer a Salih hasta la muerte del camello. Tenían que matarlo.

Algunos de los tamudeos que habían vendido su alma al diablo se reunieron para hacer planes maliciosos. No pudieron soportar el milagro del bendito camello. Los partidarios de Iblis pensaron en cómo matar al animal. No sabían que preparaban el triste final de sí mismos.

En las tinieblas de la noche había un silencio tan absoluto tanto en la urbe como en las montañas y en los valles. Todo el mundo dormía complacido. Las estrellas escondidas detrás de las nubes descansaban también. En ese momento los dignatarios de los tamudeos hacían planes maliciosos en un palacio esculpido sobre una roca gigante. Temían matarla de día y por eso lo harían de noche. Pensaban que nadie podía verles, pero Dios los veía. Uno de ellos dijo:

— Cuando hace mucho calor el camello viene a refugiarse a las sombras del valle. Entonces, nuestros rebaños huyen y quedan expuestos al calor; es perjudicial.

El otro dijo:

— Los inviernos, prefiere los lugares templados. Entonces nuestros animales quedan bajo el frío y enferman. ¿Qué podemos hacer?

Reunieron una banda de perturbadores. Tenían corazones más oscuros que la noche. El cabecilla era como el hermano de Iblis. Se levantó y dijo a los demás:

— Tenemos sólo una solución: matar al camello.

Sus palabras hicieron eco en las paredes de la oscuridad de la habitación. Uno de los que estaban sentados dijo:

— Salih había dicho que nadie la perjudicara, ¿lo olvidasteis?

— ¡Salih es un mentiroso! ¡No confiamos en él ni le creemos! ¡Hay que matar al camello!

El plan para matar al camello estaba listo. Eligieron a nueve personas, los cuales eran los asesinos más despiadados y crueles. En la oscuridad de la noche, atacarían al camello y el cabecilla lo mataría. Se dispusieron a esperar al momento de la matanza según lo acordado.

La noche... La oscuridad absoluta.

Las tinieblas cubrían las montañas. El bendito animal y su cría estaban durmiendo tranquilamente. Tenían un semblante agradable en las caras. La cría se pegaba a su madre por el frío y ésta la apretaba contra su pecho. Los nueve asesinos habían preparado sus armas, espadas, lanzas y flechas. Salieron como la traición que surge de las tinieblas...

El cabecilla estaba tan borracho que no podía dar dos pasos de frente. Cuando los asesinos llegaron al lugar en el que la camella y su cría estaban durmiendo, los atacaron. Los camellos se despertaron sobresaltados. Pero no había salvación para ellos. Golpearon salvajemente con sus manos asesinas, tanto al camello hembra como a su cría. La verde hierba estaba manchada con la sangre de los camellos y adquiría una tonalidad roja.

Salih se entristeció mucho al oír la noticia de su muerte. Dirigió con semblante serio estas palabras a su pueblo:

— Os había dicho que nadie la tocara.

Los asesinos dijeron con tono insolente:

— Sí, los hemos matado, y tú serás el siguiente. ¡Haz aquello que puedas! ¡Sea lo que sea, no te creemos!

De nuevo, los seres humanos preparaban su triste fin con sus propias manos. Otra vez, como sus antepasados, pedían la Ira Divina inconscientemente. Salih dijo:

— ¡Regresad a vuestras casas y gozad de vuestros bienes tres días más! Entonces, veréis cuál es el castigo.

Salih fue a su casa y recogió sus bienes. Abandonó la ciudad con su familia y los creyentes. Todo terminó; una página de la historia de la humanidad estaba a punto de cerrarse. Dios les dio a los tamudeos tres días de plazo ya que el camello bendito había gritado tres veces a la hora de morir.

Los tamudeos hicieron fiestas tras la salida de Salih. Pensaron que lo habían vencido a él y a Dios. Pero nadie puede vencer a Dios. Dios da la oportunidad y fija el tiempo para que los seres humanos se arrepientan. Si no se arrepienten, les da un castigo tal que es un ejemplo para toda la humanidad. Los tamudeos se burlaron del castigo del que Salih les había advertido.

A la mañana del cuarto día, el espectáculo era horrible.

Los tamudeos oyeron un grito horrible del cielo. Los cielos se resquebraban. Las montañas se pulverizaron también con el eco del grito. Todas las criaturas que oyeron el grito, murieron. Uno a uno, los palacios se quedaron en ruinas. En unos segundos, toda la ciudad fue destruida.

Era solamente un grito. Los incrédulos no pudieron hacer nada para salvarse. No pudieron levantarse de sus camas, ni pudieron preguntar lo que ocurría. No pudieron abrir las ventanas para verlo... No oyeron los gritos de los demás tampoco. El grito todo lo destruyó.

Salih y los creyentes ya habían abandonado la ciudad hacía tiempo. Los obedientes se salvaron porque siguieron al Mensajero de Dios. Los incrédulos tuvieron un triste fin y murieron dolorosamente. Salih miró hacia los horizontes de la ciudad de los tamudeos. Se le cayeron unas lágrimas y dijo: «¡Pueblo mío! Os he advertido pero no me habéis escuchado».

# EL PROFETA ABRAHAM

## (La paz y las bendiciones de Dios sean con él)

Las tinieblas se extendían por todo el mundo. Los hijos de Adán fueron engañados por Iblis una vez más y abandonaron la obediencia a Dios. Algunos adoraban a los ídolos hechos por sí mismos, otros adoraban a los árboles gigantes, a las estrellas, a la Luna y al Sol. La razón no reinaba allí, los corazones estaban entorpecidos y la conciencia encadenada.

En aquellos días surgió una nueva religión: la adoración de los reyes. El rey de Babilonia aseveraba que él era un dios. Algunos hombres que le rodeaban, unos guiados por la ignorancia, y otros por sus intereses, creían que era un dios. Los dignatarios de la sociedad, los adivinos de los templos, los ricos y los fuertes tiranizaban a la población y recaudaban abusivos impuestos esquilmando los bienes a los indefensos. Los llantos de los niños, los débiles, los miserables y los pobres siempre gemían de dolor y de hambre.

La gente se había equivocado. El bien y el mal, la luz y la oscuridad se habían confundido. Los caminos estaban mezclados. Los hijos de Adán necesitaban a un nuevo guía, a un Profeta que enseñara el camino recto y los secretos de la creación. Este Profeta tenía que ser lo suficientemente fuerte como para luchar contra todas las formas de negación del Señor del Universo. Entonces, Dios eligió a Abraham[5] como Profeta.

Abraham era un regalo de la Misericordia Divina a la humanidad. Cuando era todavía un niño, su padre murió y quedó huérfano, siendo criado por su tío. Abraham quería a su tío como si de su padre se

---

5    En el Corán es nombrado como «Ibrahim».

tratase. Su tío era uno de los escultores de la ciudad y construía ídolos. La gente respetaba a este hombre que hacía sus ídolos, es decir, sus dioses. Su infancia discurrió en una familia así.

La Misericordia Divina llenó su mente y corazón con el amor, la compasión, la piedad y la sabiduría y le hizo puro. Él veía ídolos y estatuas extraños por toda la ciudad, en el mercado, en las casas, en los jardines. Su padre los hacía. Un día, le preguntó a su padre qué eran. Cuando su padre le dijo que eran dioses Abraham pensó en lo más profundo de su corazón que estas palabras no podían ser verdad.

Los ídolos eran como juguetes para él. Montaba en los grandes ídolos como si estuviera montando un asno y les pegaba. Un día, su padre adoptivo lo vio montando un ídolo que se llamaba Merduh, se enfadó con Abraham y regañándole duramente le dijo que no lo hiciera otra vez. Abraham le preguntó:

— ¿Cómo puede ser un dios? Tiene las orejas más grandes que las nuestras.

— Es el dios más grande. Sus orejas grandes son símbolos de su sabiduría —dijo su tío. Abraham estaba a punto de reír porque las orejas de Merduh se parecían a las orejas de un asno. ¿Cómo podían los humanos adorar a un ídolo de orejas de asno?

Pasaron muchos años. Abraham creció odiando a los ídolos que su tío hacía; más aún, sentía aversión por ellos. Para él, era imposible aceptar la adoración a una estatua hecha por un humano, siendo así que no podían comer, beber, ni hablar. Si uno de ellos era empujado al suelo por alguien, no podría ponerse de pie.

La gente decía que toda la belleza y los beneficios habían sido creados por los ídolos; por eso, tenían que ofrecerles sacrificios y obedecerles sin rechistar con una obediencia ciega. Si no, caerían sobre ellos los castigos de los dioses. Al ver la situación Abraham se entristecía y se enfadaba. ¿Por qué nadie usaba el intelecto? Todo lo que adoraba esa gente era sólo una parte de la creación. No podían crear ni podían valerse por sí mismos. Los milagros del Cielo y de la Tierra, como las estrellas y las criaturas maravillosas, eran sólo señales del Creador del Universo. Tenía que contarles esta verdad.

Había un templo lleno de ídolos y en el centro del templo había un altar donde colocaban los ídolos grandes. Los dioses eran variados, de diferentes formas y clases. Sentía aversión por estos ídolos cuando los visitaba con su tío, cuando era un niño. Para él, lo horrible era la gente que adoraba a estos ídolos que habían construido. Hacían reverencia ante ellos y rezaban como si estas estatuas les oyeran, además les pedían deseos y les suplicaban.

Al principio, la situación de la gente ante los ídolos le era divertida pero, más tarde, comenzó a odiarlos. ¿No era horrible la ignorancia de los hombres siendo la verdad tan nítida? Por otro lado, su tío quería que terminara su educación y fuera adivino en el templo. Un día Abraham aclaró que estaba lleno de odio a los ídolos. Entonces, su tío le advirtió que respetara a los ídolos.

Un día Abraham y su tío estaban en el templo. Era la fiesta de los dioses. Cuando estaban en plena celebración, un adivino se postró ante el ídolo más grande y empezó a suplicarle respetuosamente. Lloraba y gemía para que su dios les diera abundante sustento y tuviera piedad de ellos. Abraham no pudo aguantar más. De repente, un grito hizo eco en las paredes del templo: «¡No puede oírte, mi señor! No puede oír a nadie tampoco, no supliques en vano, ¿no lo ves?»

Toda la gente buscó con los ojos al dueño de la voz. Era el valiente y osado Abraham. El adivino se enfadó con él. Su tío dijo que Abraham estaba enfermo y por eso no sabía qué decía y pidió perdón en su nombre. Abraham se rió con ironía. Él y su tío salieron del templo y fueron a casa sin dirigirse la palabra en el camino. Su tío lo dejó en su habitación y se fue.

En las tinieblas de la noche toda la ciudad dormía, excepto una persona: Abraham. Pensaba en cómo enseñar el camino recto de Dios a la gente. La impiedad era la fuente de todas las maldades y la fe era conocer a Dios, tener la conciencia limpia, la compasión y la piedad.

Abraham no pudo dormir nada. Pensaba que estaba en una cárcel. Salió de casa y se dirigió a la montaña en la oscura soledad de la noche, subiendo hasta la entrada de una cueva y se sentó allí. Miró hacia el cielo pues mirar hacia la Tierra le entristecía sobremanera.

Quería tranquilizarse observando las bellezas divinas en el cielo. En la Tierra, los humanos, que eran engañados por Iblis, adoraban a estatuas e ídolos. En ese momento, al ver la Luna y las estrellas que lucían en el azul cielo, recordó a los hombres que también los adoraban. ¡Qué extraña era la humanidad! En cuanto olvidaron la obediencia al Único Creador del Universo, adoraban a las criaturas en la Tierra y en el Cielo.

El pueblo de Abraham era de este modo. Adoraban a los ídolos terrenales y a los del cielo. Aquí, empezaba la responsabilidad de Abraham: tenía que enseñarles pruebas para convencerles del recto camino.

Dios dio una cualidad a Abraham que no tenían los demás: la perspicacia profética. La inteligencia de los grandes sabios se quiebra ante la perspicacia profética. La perspicacia profética es la habilidad, la capacidad del saber y la comprensión que Dios proporcionó a todos sus Mensajeros. Abraham pensó en cómo enseñar a la gente que las estrellas en el cielo no podían ser un dios. Finalmente, decidió actuar como uno más de ellos para poder oponerse y refutar sus ideas erróneas. Sin perder tiempo empezó a trabajar.

Vio una estrella resplandeciendo en el cielo. Habló para sí: «¿Esta estrella brillante puede ser dios?»

La miró hasta que desapareció. «Ha desaparecido. Yo no amo cosas que desaparezcan. Dios no desaparece y vuelve a aparecer. Entonces, la estrella no es dios».

Al oír a estas palabras se produjo una convulsión en las mentes de los que adoraban a las estrellas. La Perspicacia Profética siguió su plan.

La Luna estaba en el cielo. Las montañas, los valles y los pueblos estaban iluminados por la luz de la Luna. Abraham pensó en voz alta: «¿La Luna puede ser dios?»

La miró hasta que desapareció. Pensó que si desaparecía no podía ser un dios porque un dios nunca desaparecería. Abraham hablaba como si se burlara de las mentes de los que adoraban a los planetas.

Por la mañana, salió el Sol en el horizonte como un ovillo de luz. Pensó de nuevo:

«El Sol es más grande que la Luna y las estrellas. ¿Puede ser dios?»

Abraham empezó a esperar pensando en esta pregunta. Mediodía, tarde y noche... Anocheció y el Sol se escondió en las tinieblas del horizonte, como la Luna y las estrellas. El Sol era un elemento mortal como todos los mortales que tienen un fin inevitable. Pero el verdadero dios era inmortal, eterno. Las criaturas mortales no podían saciar el deseo de inmortalidad del alma humana. El ser humano, que es el caminante a la eternidad, podía encontrar la verdadera felicidad y la tranquilidad espiritual en la obediencia a Dios. ¡Qué magnífica era la enseñanza de Abraham!

Nadie puede saber ni hacer nada si no es por Dios que es Todopoderoso. Estaba muy emocionado cuando pensaba en esto. Comprendió y enseñó el Poder Divino detrás del Sol, la Luna y las estrellas. Pensó que su pueblo estaba en las tinieblas debido a su ignorancia de Dios. Más tarde, sintió que su alma se llenó de la Luz Divina; su mente, su corazón y todo su cuerpo se llenó de luz. La Misericordia Divina apareció y el Creador del Universo estaba hablando con él:

— *¡Abraham!*

— ¡Ordéname, Señor mío!

— *¡Obedéceme!*

Abraham se postró y dijo llorando:

– *¡Obedezco al Señor del Universo!*

El alma de Abraham estaba llena de bienestar, quietud y alegría. Se quedó allí hasta la medianoche. Más tarde, regresó a su casa. Ya era el Mensajero de su Señor. Era una nueva etapa en su vida. Quería enseñar el recto camino a la gente que adoraban a los ídolos del Cielo y de la Tierra.

Al día siguiente la voz de Abraham resonaba en las calles de Babilonia:

«¡Pueblo mío! ¡No hay más deidades que el verdadero y único Dios! ¡Obedeced a Dios!»

Era la hora de comunicar la palabra de Dios. Pero había un gran reino contra él, miles de personas... Gobernantes, científicos, literatos, etc. Tenía un cargo de mucha responsabilidad; más aún, era tan difícil como tocar el cielo con las manos pero Dios sabía a quién dar esa responsabilidad.

— ¡Pueblo mío! ¿Por qué adoras a los ídolos que no pueden daros beneficios ni pueden haceros daño?— preguntó Abraham.

— Es la religión de nuestros padres—dijeron los idólatras. No tenían ninguna otra respuesta más porque sabían que no era razonable. Abraham dijo:

— En verdad, estáis equivocados como vuestros padres.

No pudieron creerle porque hasta entonces no habían oído nada así. Siempre habían vivido como sus antepasados. La gente se conmovió con las palabras de Abraham. Le preguntaron:

— ¿Lo dices en serio o te burlas de nosotros?

Era un caso tan serio que no había posibilidad alguna de burla. Abraham dijo:

— Vuestro Señor es el Señor de los Cielos y de la Tierra. Es el Creador de todo lo existente. ¡Obedecedle a Él y hará llegar la salvación para los dos mundos!

Empezaron los días llenos de pesadumbre y pena. Quien se enojó mucho con Abraham fue su tío. Se enzarzaron en violentas discusiones. Sus creencias y valores eran diferentes. Uno creía en Dios y el otro era un idólatra. Su tío gritó:

— ¡Es una gran desilusión para mí verte en contra de nuestros dioses! ¡No esperaba que lo hicieras! Me perjudicas con tus actos tanto que no puedo presentarme así ante la sociedad y lo peor es que los adivinos y los gobernantes se han enojado conmigo.

Abraham deseaba que su tío fuera musulmán porque le quería mucho. Le habló dócilmente:

— ¡Tío mío! ¿Cómo puedes deber obediencia a los ídolos que no ven ni oyen ni pueden dar beneficios? Me han enseñado algo misterioso que tú no sabes. Si obedeces a Dios y me sigues te llevaré a un recto camino. ¡Querido tío! ¡No obedezcas a Iblis porque él se rebeló contra Dios! Temo que recibas un castigo doloroso. Temo que estés bajo la influencia de Iblis.

Su tío estaba temblando de enfado. Gritó furiosamente:

— ¿Cómo puedes insultar a los dioses? Si no dejas de insultarlos te echaré de mi casa. Si esto no sirve de nada, te mataré mediante lapidación. Es el castigo de rebelarse contra los dioses. ¡Vete allá dónde quieras! ¡No quiero verte más!

Echó a Abraham de casa. Abraham se entristeció con las palabras de su tío. Sin embargo, Abraham era lo más querido por Dios en la Tierra. Algunos de sus descendientes serían Profetas. Pero la ignorancia le impedía ver la verdad. Abraham respondió a su tío decentemente porque era un Profeta y los Profetas eran los representantes de la honestidad. La humanidad tiene que aprender la verdadera decencia de los Profetas. Dijo así: «Me tratas mal pero yo pido de mi Señor salvación para ti. No te haré daño sino que suplicaré a Dios para que te perdone».

Abraham abandonó la casa de su tío. Ya no tenía hogar pero toda la Tierra era su residencia. El cielo era el techo, las hierbas sus alfombras, el Sol la lámpara, las flores de muchos colores los adornos y las montañas, los ríos, los árboles el mobiliario de su casa. ¿Y su comida? La veneración a Dios era su alimento, la glorificación a Dios su bebida.

Ese día era la fiesta de la glorificación y de la ofrenda de sacrificios a los dioses. Las celebraciones se desarrollaban al otro lado del río y por eso toda la gente había abandonado la ciudad. Después de la ofrenda de sacrificios regresaron al templo y las ofrecieron a los dioses.

El viento gemía en las calles vacías de la ciudad. Más tarde, un joven apareció delante del templo. Sus ojos brillaban como los de un halcón. Llevaba una enorme hacha en la mano. Era innegable que hoy ocurrirían acontecimientos importantes. Abraham iba a iba a tener gran efecto en los corazones y las mentes de la gente. Entró en el templo silenciosamente y con mucho cuidado. El hacha brillaba en la atmósfera sombría del templo. Entró en el gran salón. Si los ídolos del templo tenían almas, se asustarían y huirían de las miradas horribles de Abraham.

Miró fijamente a los ídolos. Luego, miró a las ofrendas delante de los ídolos. Se acercó a uno de los ídolos y dijo: «La comida está fría, ¿por qué no comes?»

El ídolo no le respondió. Entonces Abraham preguntó a todos los ídolos en el salón del templo: «¿Por qué no coméis? ¡Comed!»

El grito hizo eco en las paredes del templo y fue como una bofetada en los rostros de los ídolos. Gritó otra vez: «¡Hablad! ¿Por qué no habláis?»

Levantó el hacha y golpeó la cabeza del ídolo que estaba delante de él. El ídolo cayó al suelo. Todos los ídolos se desmoronaron con los golpes del hacha de Abraham. El salón quedó reducido a las ruinas de los ídolos. Al ver al ídolo más grande en el altar, pensó dar el último golpe. Pero no le daría con el hacha, sino con la perspicacia profética.

Tras una sonrisa irónica, colgó el hacha del cuello del ídolo y salió del templo. Había jurado enseñarles a todos que estaban ciegamente engañados y ahora realizaba su promesa.

Tras las celebraciones, cuando todos regresaron a la ciudad, un hombre que entró en el templo, gritó pavorosamente. Llegaron todos al templo y cuando vieron a los ídolos, gimieron de dolor. Todos los ídolos habían quedado reducidos a añicos como si hubiera habido una guerra en el templo. Es obvio que los dioses perdieron la guerra. Solamente el ídolo más grande estaba de pie. ¿Quién podía haber cometido este crimen?

La primera persona que se les ocurrió era Abraham:

— Había un joven que insultaba a nuestros dioses. Es posible que él lo haya hecho.

Todos gritaron:

— ¡Detengámoslo e interroguémoslo!

Encontraron a Abraham y empezaron a preguntar sobre el crimen:

— ¿Has hecho tú esta barbaridad a nuestros dioses?

Abraham sonrió irónicamente y les señaló el ídolo con el hacha al cuello:

— Él lo ha hecho... Él es su líder, es el mayor de ellos. ¡Preguntadles a ellos para que os lo digan!

— ¿De quién hablas?— preguntaron los adivinos.

— ¡De vuestros dioses!

— Ya sabes que no pueden hablar.

— Entonces, ¿cómo podéis adorar a los que no pueden hablar? ¿No lo veis? ¿No pensáis? Mirad que cuando vuestros dioses fueron derrotados ante los ojos de vuestro gran dios, él tampoco pudo hacer nada sino mirarlos. Ellos no pudieron protegerse a si mismos; entonces, ¿cómo pueden protegeros o daros beneficios? ¿No pensáis acerca de ello? Cuando colgué el hacha de su cuello no ha hecho nada: ni habló, ni se resistió porque es una roca sin alma; no puede oír, no puede ver ni hablar. No puede dar beneficios ni puede hacer daño a nadie. ¿Una roca cómo puede ser dios? ¿Cómo podéis adorar a una roca? pensadlo bien—dijo Abraham.

Los adivinos se enfadaron mucho con él y querían manipular a la gente diciendo:

— ¡Aprehended a este hombre y metedlo en la cárcel! ¡Mostrad la obediencia a vuestros dioses!

Detuvieron a Abraham y lo metieron en la cárcel. Querían condenarlo antes de que fuera un gran problema en un tribunal bajo el mandato de Nimrod; tal vez, este problema podía extenderse por todo el reino. Nimrod aseveraba que era un dios y la gente le adoraba. Toda la gente se reunió en la plaza mayor de la ciudad para ver al tribunal. Nimrod quería despreciar a Abraham ante los ojos de la gente. También, quería realzar su nombre como el de un dios con tales pruebas.

Había demasiada gente en la plaza. El pueblo babilónico quería ver al hombre que se rebelaba contra los dioses.

Más tarde, vino un hombre con cadenas puestas en manos y pies, acompañado por un grupo de soldados. Era Abraham. Andaba con paso seguro. Estaba serio pero con la tranquilidad de alguien que no sabía lo que era el miedo. Llevaba la expresión de la obediencia a Dios.

En la plaza había un alto trono para Nimrod. A su alrededor estaban los adivinos, los visires, los soldados y los servidores. Toda la gente temía a Nimrod. Era muy cruel con ellos. Nimrod preguntó a Abraham:

— He oído que llamabas la gente a creer en un dios nuevo, ¿es verdad?

— No hay un dios nuevo o viejo. ¡No hay otra deidad que no sea Dios! —respondió Abraham tranquilamente. Nimrod dijo:

— A su vez yo soy un dios también; puedo hacer cualquier cosa que tu dios haga.

Nimrod era un rey muy altivo. La obediencia de la gente lo llenaba de orgullo. Realmente era una gran oportunidad para que Abraham

venciera todas las supersticiones en Babilonia. Antes, había roto los ídolos inanimados y ahora era la hora de derribar a un ídolo vivo. Abraham
dijo sin perder la tranquilidad:

— Mi Señor es Quien da la vida y da la muerte.

Nimrod respondió orgullosamente:

— ¡Yo también!

Abraham no hizo caso de las palabras de Nimrod porque sabía que
mentía. ¿Quién podía dar y quitar la vida sino Dios? ¿No es el Creador
de todas las criaturas? Cuando Nimrod comprendió que sus palabras
no interesaban a Abraham, dijo:

— Puedo matar a un hombre de la calle o puedo dar la libertad a
un prisionero condenado a muerte. Entonces, le doy la vida. Como ves,
puedo dar o quitar la vida a la gente.

Abraham se rió de las palabras de este hombre que pensaba que
era un dios y que no era más que un pobre desgraciado. Toda la gente se callaba y escuchaba a Nimrod y Abraham. Para mostrarle su in-
capacidad y sencillez a este pobre que pensaba que tenía un poder extraordinario, dijo Abraham:

— Dios hace al sol salir por el Este; si puedes, ¡hazlo tú salir por
el Oeste!

Lo que dijo Abraham dejó a Nimrod absolutamente perplejo. No
sabía qué decir. La gente mostró perplejidad también. Los adivinos, los
visires y los soldados se confundieron al oír la frase. Abraham demostró que Nimrod era un mentiroso. Dios hacía al sol salir por el Este;
si Nimrod era un verdadero dios, podía hacerlo salir por el Oeste. Hay
leyes constantes de Dios que es el Todopoderoso y el Único Creador
en el Universo. Nadie puede cambiarlas; si el Rey era un verdadero
dios podía cambiar las Leyes Divinas.

Nimrod permaneció impotente, no sabía qué hacer; era incapaz
de pensar en cómo actuar ahora. Miró a los adivinos con ojos suplicantes
como si hubiera sido descubierto en flagrante delito. Pero nadie dijo
nada. Estaba loco de ira. Era una vergüenza que alguien le tratara así
ante el pueblo. Se levantó furiosamente y gritó:

— ¡Quemad a este hombre que desprecia a vuestros dioses! ¡Dejadlo reducido a cenizas y dejadlas al viento!

La gente se inclinaba por Abraham pero las palabras del Rey les hacían temer. Los soldados metieron al Profeta encadenado en la cárcel. Lo condenaron a muerte; pensaron quemarlo. Empezaron a preparar la hoguera donde lo quemarían sin perder tiempo.

Los soldados de Nimrod prepararon un hueco fuera de la ciudad, lo llenaron con leñas, maderas y rocas y encendieron fuego. Trajeron una catapulta de lanzamiento para echar a Abraham al fuego. Lo ataron a la catapulta para que no se cayera. Las llamas del fuego ascendían tanto que la gente podía divisarlo desde lejos.

Se apreciaba en el rostro de Abraham la tranquilidad de la obediencia a Dios. Sabía que Dios podía verlo todo. ¿Había alguien más amado que Dios para suplicar? Abraham seguía mostrando algo a la gente con su reacción ante el fuego. Para él, la muerte significaba llegar a Dios. Su alma ardía en el amor de Dios. Su cuerpo ardería también. No había un modo superior para sacrificarse en el camino hacia Dios.

En este momento apareció el ángel Gabriel al lado de Abraham y le dijo:

— ¡Abraham! ¿Quieres que yo haga algo por ti? ¡Si quieres traigo la lluvia y extingo el fuego! ¡Doy un golpe con el ala, arruino toda la ciudad y lo destruyo todo! ¡Solamente tienes que desearlo!

La respuesta de Abraham fue corta y clara:

— Dios puede verme y sabe cómo soy. ¡Él es suficiente para mí!

Todas las criaturas del Universo se callaron. Los habitantes del cielo y los ángeles sólo se fijaban en la Tierra. La multitud alrededor del fuego esperaba la orden de Nimrod. Él gritó:

— ¡Lanzad al rebelde al fuego!

La catapulta lanzó a Abraham dentro del fuego.

En este momento Dios mandó al fuego:

— ¡Oh fuego! ¡Enfríate y no dañes a Abraham!

El fuego obedeció la Orden Divina... Abraham no ardió en las llamas... Si Dios así no lo quería, nada ni nadie podría quemar a Abraham... Se volvió frío y seguro para él... No le hizo daño. Era la manifestación del

Poder Divino. El fuego se convirtió en un vergel fresco. Las llamas quemaron solamente sus ataduras. Abraham estaba sentando dentro del fuego como si estuviera en una rosaleda y celebraba la Alabanza Divina: «¡Dios lo es todo para mí! ¡Qué compañero tan seguro!»

Abraham no tenía miedo de nada ni de nadie desde el principio. La verdad es que los que confían en Dios nunca tienen miedo porque saben que solamente Él es Todopoderoso y si Él no lo quiere, nadie puede hacer daño a nadie.

Cuando lanzaron a Abraham al fuego, los gritos de la gente hicieron eco en la plaza. Pero, más tarde, todos fueron apagados y se hizo un silencio sepulcral. Abrieron los ojos de miedo y no supieron cómo reaccionar cuando Abraham salió con vida del castigo. Le brillaba la cara porque había una aureola divina a su alrededor y sonreía. No había huellas del fuego ni del humo en sus ropas.

Al salir de dentro de las llamas parecía que salía del Edén. Entonces, los gritos de sobrecogimiento se alzaron en la plaza. Abraham no fue vencido porque tenía confianza en Dios.

Al ver a Abraham salir del fuego, Nimrod se asustó mucho y los adivinos se sobresaltaron. Así es como sus ídolos, dioses del Cielo y de la Tierra fueron vencidos. No tenían nada que decir y, ¿creyeron en Él? No, cuando la vanidad y la obstinación se ubican en un alma, entonces no hay salvación para ésta. Los adivinos dijeron a la gente que Abraham era un mago. Nimrod le dijo a Abraham que podría vivir en el país cuanto quisiera y no le haría daño.

La noticia del milagro de Abraham se extendió por toda la Tierra. Las montañas, los desiertos, los pueblos, y las ciudades. Vino mucha gente de diferentes ciudades del país para ver si era cierto o no. Todo el mundo decía que Abraham había sido salvado del fuego por Dios.

Entretanto, Satanás y sus servidores no se quedaban cruzados de brazos. Gracias a los dignatarios de la sociedad, los adivinos, los ricos y los que tenían poder, empezaron a circular rumores de que Abraham era un hábil mago por todo el país y amenazaban de muerte a los que pensaban obedecer a Dios según los dictados de Abraham. En realidad, la gente parecía no pensar en cambiar la creencia de sus padres.

Abraham empezó a dar sermones noche y día a lo largo y ancho del país. Mostró miles de pruebas de la existencia de Dios. Contó las maravillas de Dios de puerta en puerta pero no pudo convencerles. En realidad no quisieron creerle. Respondieron a sus palabras llenas de compasión con un odio irracional. En el Reino de Babilonia nadie le creyó, tan sólo una mujer y un joven así lo hicieron.

La mujer se llamaba Sara. Más tarde, se casaría con Abraham. El joven era Lot y fue un Profeta también.

Abraham decidió emigrar al comprender que nadie de su pueblo le creería. Antes de abandonar la ciudad llamó a su padre al recto camino de Dios. Pero él era un enemigo de Dios y era bastante obvio que no creería nunca. Lo dejaron y se fueron.

En las historias de los Profetas observamos un aspecto que se ha repetido en dos ocasiones. En la historia de Noé, uno de sus hijos no había creído a su padre y en la historia de Abraham, el padre no creyó a su hijo. En ambas historias, los Profetas anunciaron que no tenían ninguna relación con aquellos parientes que se habían mostrado hostiles a Dios. Quizás, gracias a estas historias, Dios quiere contarnos algo. La única relación que une a las personas es la Fe en Dios.

Abraham abandonó Babilonia y empezó a predicar la palabra de Dios por todas las ciudades. Fue a las ciudades de Or y Harran. Después viajaron él, su esposa Sara y Lot a Palestina y a Egipto. En todos los lugares adonde llegaron, llamaban a la gente a la obediencia a Dios, ayudaban a los pobres e indigentes dándoles buenos consejos y mostrándoles el recto camino de Dios.

Se sucedieron los años y Abraham había envejecido así como su esposa Sara. Había sacrificado su vida llamando a la gente al camino de la obediencia a Dios. Pero desgraciadamente, Sara era estéril y no pudo darle un hijo a Abraham. El Faraón de Egipto le regaló una sirvienta a Sara, de nombre Hayar. Sara casó a Abraham con Hayar. Hayar tuvo un hijo y le pusieron de nombre Ismael.

Dios tomó a Abraham como amigo y lo nombró *Jalil*, ya que Abraham sólo quería venerar a Dios. Se oían por las noches sus sollozos cuando rezaba y proclamaba Su Santidad. Siempre buscaba los caminos que le hicieran acercarse a Dios. Sus actos eran admirados por los ángeles cuando contaba a la gente las maravillas de Dios y les llamaba al recto camino.

Dios daba a Abraham lo que quería porque lo amaba. Abraham sabía que los seres humanos no dejaban de existir cuando morían. En el Día de la Resurrección, todos los seres humanos resucitarán y serán juzgados. Pero tenía ganas de saber cómo resucitarían y quería verlo personalmente.

Un día abrió las manos y suplicó a Dios:

— ¡Señor Mío! ¿Me mostrarías cómo resucitarán los seres humanos?

Dios le preguntó:

— *¡Abraham! ¿No me crees?*

— Sí, Te creo y Te obedezco con todo mi corazón. Pero quiero ser testigo de este milagro, reforzar mi fe en Ti y llenar mi alma con la Sabiduría Divina.

Era un deseo de un corazón lleno de amor a Dios. No había ninguna sombra de duda sobre su obediencia. Era un grito del alma de un caminante del recto camino que quería saber más acerca de Dios.

Dios le mandó sacrificar cuatro pájaros, llevar los pedazos de carne a diferentes montañas y llamarlos a su presencia. Abraham obedeció la orden de Dios y vio el milagro divino. ¡Era un acontecimiento magnífico y milagroso! Todos los pedazos de los pájaros se reunieron y volaron hacia Abraham.

Un día, por la mañana, Abraham le pidió a su esposa Hayar que se preparase para un viaje. Unos días después él, Hayar y su hijo Ismael se encontraban viajando.

Según fuentes no contrastadas, la primera esposa de Abraham, Sara, envidiaba a Hayar porque ella no había podido darle un hijo a su marido y quiso que Abraham se llevara a Hayar a las afueras.

Esto no era cierto sino que fue en realidad una calumnia contra Abraham y Sara porque Sara creyó en Dios y en su Mensajero Abraham cuando nadie le creía. Abandonó su patria y viajó a diferentes países para expandir la religión de Dios; por eso, envidiar a alguien no puede ser una cualidad de una persona como ella. Además Sara había casado a Hayar con Abraham. ¿Cómo podía envidiar a la mujer que ella misma había casado con su marido para que le diera un hijo? ¿Quién podía obligar a Abraham a llevarse a Hayar a las afueras? Él no temía a nadie y no obedecía ninguna orden de nadie sino de Dios.

En realidad, Dios había mandado a Abraham que llevara a Hayar y su hijo Ismael a la Península Arábiga. Era una orden misteriosa: Dios quería que Ismael fuera un Profeta allí. En el futuro, Abraham y su hijo Ismael construirían la Casa Sagrada, la Kaba. Por encima de todo, el Poder Divino quiso que el Profeta Muhammad fuera un descendiente de Ismael. El Profeta Muhammad, que sería el Señor del Universo, el Último Profeta, nacería en La Meca y Dios preparaba el terreno enviando a Ismael allí.

Pasaron por verdes jardines llenos de árboles con muchas frutas. Cruzaron desiertos, valles y montañas. Al final, llegaron a un árido valle del desierto en el que no había ningún árbol ni agua ni hierba. No había ninguna señal de vida en el valle. Se bajaron del caballo y Abraham les dio un poco de comida y agua que serían tan sólo suficientes para unos días. Después, se marchó sin mirar atrás. Hayar corrió detrás de Abraham y le preguntó llorando:

— ¡Abraham! ¿Nos abandonarás aquí en el desierto? ¿A dónde vas?

Abraham no le respondió ni miró atrás. Andaba sin cesar. Hayar le preguntó otra vez pero Él no le respondió tampoco. Entonces, Hayar comprendió que era un orden de Dios porque Abraham nunca podía tratarla así. Hayar le preguntó:

— ¿Es una orden de Dios?

— Sí...

Hayar, que tenía un corazón lleno de fe en Dios, dijo:

— Si es una orden de Dios, sé que Él está con nosotros. Puedes irte tranquilo. ¡Dios nos protegerá aquí!

Abraham anduvo hasta desaparecer. Cuando llegó a un lugar en el que su familia no podía verlo, abrió las manos y suplicó a Dios: «¡Señor Mío! ¡Alabado seas! ¡Ves y oyes todo en el Universo! He dejado a mi familia en un valle árido en el que no hay ni una hoja verde, cerca de Tu Casa Sagrada. ¡Seguro que Tú serás Aquél que les protegerá!»

En aquel entonces, la Kaba no había sido construida todavía; entendemos que había algo secreto en la orden de dejarlos en el desierto. Ismael, que era solamente un niño, un día construiría la Kaba con su padre. La Sabiduría Divina quiso que se instaurara la civilización y la Kaba en este valle y que los fieles se tornaran hacia la Kaba en los rezos diarios.

Abraham había dejado a su esposa Hayar y su hijo Ismael en un valle árido del desierto y regresó a su ciudad para llamar a la gente al recto camino otra vez. Hayar le dio el pecho a Ismael, hacía un calor agobiante y tenían mucha sed.

Dos días más tarde, el agua se había terminado. Hayar no pudo amamantar a su hijo. Se morían por conseguir una gota de agua y la comida se había terminado también. Ismael empezó a llorar por la sed. Entonces, Hayar le dejó y empezó a buscar agua en los alrededores. Anduvo hasta llegar a la duna de Safa.

Subió a la duna y miró en todas direcciones para ver si había un pozo, una caravana de personas o un ser humano. Pero eso no le valió de nada. El horizonte estaba lleno de un silencio agobiante y hacía un calor abrasador.

Sin perder tiempo, bajó a la duna de Safa y empezó a correr por el valle como si estuviera agotada ya en el límite de sus fuerzas. Quería llegar a la duna de Marwa que estaba frente a la duna de Safa. Allí miró sobre la duna al horizonte pero no pudo ver nada sino el vacío... Se quedó allí sin encontrar remedio y regresó al lugar en el que había dejado a Ismael; cuando lo encontró llorando de sed y hambre, una desazón angustiante le sobrevino a la agotada madre. Entonces, empezó a correr hacia la duna de Safa otra vez; miró hacia el horizonte. Bajó de Safa y subió a Marwa de nuevo. Miró a los alrededores otra vez...

Fue y regresó siete veces desde la duna de Safa hasta la de Marwa. Entretanto, las dos dunas observaban las idas y venidas de Hayar entre las abrasadoras arenas del desierto. Es por este motivo que desde entonces las siete idas y venidas de Hayar entre Safa y Marwa quedaron establecidas como un rito en la peregrinación a La Meca para que recordaran a Hayar y a su hijo, el Profeta Ismael.

Hayar estaba muy cansada y exhausta; se quedó sin recursos a los que acogerse y regresó con Ismael. Cayó desplomada al lado de su hijo.

Es obvio que la Misericordia Divina que rodea a todas las criaturas no permitiría que murieran. Nadie puede soportar una situación así, ¿cómo podía soportarla Dios? Nuestro Señor es El que hace posible todos los imposibles.

Ismael dio un golpe a la tierra y de repente empezó a brotar agua... Salía agua desde lo más profundo de las arenas... Manaba la vida desde el interior de la tierra muerta. Era el agua de Zamzam. Fue suficiente para la madre y su hijo, y bebieron agua hasta saciarse. Las arenas se saciaron de agua también. Hayar bebía grandes sorbos de agua y hacía a Ismael beber y daba gracias a Dios el Misericordioso, el Compasivo y el Todopoderoso que no les había dejado solos en el desierto. Gracias al agua empezó una nueva vida en el desierto porque allí el agua era sinónimo de vida. Vino mucha gente y se asentó en los alrededores del oasis que había creado el agua. Así, se puso allí la primera piedra de una nueva civilización. Entretanto, Ismael crecía en esta sociedad y Dios lo preparaba para ser un Profeta. Le enseñaba la dignidad profética. Tras muchos años, Abraham les visitó. Abraham quería mucho a su hijo pero para él su amor hacia éste sería una prueba. Una noche, soñó que sacrificaba a su querido hijo Ismael por Dios.

A veces, la revelación divina ocurría en los sueños. Y los sueños de los Profetas eran veraces. Abraham comprendió la orden: sacrificaría a su hijo, su ser más querido. Habló con Ismael:

— ¡Hijo mío! Soñé que intentaba matarte, ¿qué piensas acerca de este sueño?

Ismael le respondió tranquilamente:

— ¡Padre mío! ¡Haz lo que te ordene Dios! Y yo soportaré todo por el amor de Dios.

Así es. El hijo obedeció a su padre y el padre obedeció a su Señor; era una prueba muy difícil.

Fueron al lugar en el que Abraham ofrecería a su hijo en sacrificio. Se sometieron a la orden de Dios. Cuando Abraham le puso contra el suelo, Dios le ordenó que no sacrifique a su hijo y Gabriel le llevó un carnero para que lo sacrificara en lugar de Ismael. El regalo de Dios conmovió al padre y a su hijo. La tristeza se convirtió en alegría. Habían sido de los creyentes más entregados y su obediencia fue retribuida; Dios había tenido piedad de ellos, habían manifestado su obediencia total al Todopoderoso. Aquel día tan aciago fue designado como la Fiesta del Sacrificio (*Id Al-Adha*) para los musulmanes. Este día, los musulmanes sacrificarían corderos y carneros recordando la historia inolvidable del gran Profeta Abraham y su hijo Ismael que fueron un ejemplo para la humanidad en la obediencia a Dios.

En estos tiempos, no había mezquitas en el Mundo. Había algunos templos pero allí la gente no rezaba a Dios sino a los ídolos. Los templos de los idólatras eran ostentosos pero no tenían espiritualidad. Por eso, Abraham pensaba construir una mezquita en la que la gente venerara a Dios.

Por fin, Dios les ordenó a Abraham y a Ismael que construyeran la Kaba, la Casa Sagrada, que sería el santo lugar al que todos los musulmanes volverían sus rostros cuando rezaran. Padre e hijo empezaron a trabajar: llevaron rocas de las montañas y prepararon adobes para los muros.

Pasaron los días y los meses mientras levantaban los cimientos de la Kaba. Era la primera mezquita del mundo para toda la humanidad. Era el más honrado y sagrado lugar de la Tierra. Abraham pensó señalar un punto como el principio de la peregrinación; podía ser una señal en forma de roca pero sería diferente de las demás rocas usadas en la construcción.

Entonces los ángeles le llevaron una roca negra que se llama *Hayar al-Aswad*. Abraham besó la roca con respeto y la puso en uno de los muros exteriores.

Por fin, terminaron la Kaba, la Casa Sagrada. Entonces, Dios mandó que todos los musulmanes peregrinaran a la Kaba, dieran vueltas su alrededor y suplicaran por la Misericordia Divina. Además, dispuso que los rezos en la Kaba fueran cien mil veces superiores a los rezos en cualquier mezquita.

Mientras Abraham y su hijo Ismael construían la Kaba, rezaban así: «¡Señor Nuestro! ¡Acéptalo de nuestra parte! ¡Tú eres Quien todo lo oye, Quien todo lo sabe! ¡Señor Nuestro! ¡Haznos pertenecer a aquellos que se someten a Ti y haz de nuestros descendientes una comunidad musulmana que igualmente se someta! Nuestro Señor aceptó su súplica y Abraham fue la primera persona que nos llamó a sus descendientes, a nosotros, musulmanes.

El Profeta Abraham murió dejando dos hijos como descendientes: dos Profetas, Ismael e Isaac. Nuestro Querido Profeta Muhammad (que Dios le bendiga y le salve) es un descendiente del Profeta Ismael. Hay muchos Profetas de la descendencia de Isaac también. El hijo de Isaac, el Profeta Jacob; el hijo del Profeta Jacob, el Profeta José; y después el Profeta Moisés, el Profeta Zacarías, el Profeta Juan, el Profeta Jesús, y el resto de Profetas. Por eso, la historia le otorgó el santo calificativo de Padre de los Profetas. Otro nombre era *Jalilu'r-Rahman*, es decir, el auténtico e íntimo amigo de Dios. Dios lo quiso mucho. Todos los creyentes de las religiones celestiales lo quisieron también. El amor del Señor de los señores, del Profeta Muhammad (que Dios le bendiga y salve) hacia Abraham era muy diferente. Muchas veces pensaba que él se parecía a Abraham y tenía el honor de ser uno de sus descendientes.

# EL PROFETA ISMAEL

## (Que la paz y las bendiciones de Dios sean con él)

Tal y como nos fue relatado antes, nuestros queridos viajeros ya se habían preparado para el viaje. Eran tres personas benditas: Abraham, su esposa Hayar y su hijo Ismael[6] en sus brazos que viajaban hacia partes desconocidas de los desiertos de Arabia. En realidad el viaje entrañaba un misterio.

Una mañana, Abraham y Hayar llegaron a la presencia de Sara. El pequeño Ismael gateaba y sonreía a todos. Abraham tenía un porte muy serio. Parecía que iba a decir algo importante. Más tarde, dio la orden de viajar. No pudieron decir ni preguntar nada.

— ¿Por qué? ¿A dónde?—se preguntaban.

Es obvio que Abraham no hacía nada por sí mismo. Era una Orden Divina. Sara los despidió con lágrimas en los ojos. El pequeño Ismael no comprendía nada al despedir a la segunda esposa de su padre.

Pasaron los días y los meses. Los tres benditos viajeros pasaron por montañas, dunas, desiertos y ríos. Por fin, llegaron a los desiertos arábigos.

Abraham dejó a Ismael sobre las arenas del desierto. Miró profundamente a los ojos de su hijo. Ismael sonreía a pesar del calor agobiante, del Sol y de las dunas abrasadoras. Abraham difícilmente podía soportar el dolor de abandonarles en el desierto. Estaba a punto de romper a llorar. Miró a su hijo por última vez y luego, se volvió y empezó a andar.

Hayar estaba confundida al ver a Abraham yéndose. «¿A dónde podía ir? ¿Junto a quién les dejaba en este desierto? ¿Qué comerían y beberían? ¿Quién les protegería de los ataques de los animales salvajes?»

---

6   En el Corán es nombrado como «Ismail».

Hayar corrió detrás de Abraham y le preguntó:

— ¿A dónde vas dejándonos aquí?

La pregunta de Hayar desapareció en el vasto espacio del desierto. El Profeta andaba sin mirar atrás. En su interior se desataban toda clase de tempestades emocionales. Hayar siguió corriendo detrás de él, dejando a su hijo atrás. Le llamó otra vez:

— ¡Señor mío!

De repente se calló. Comprendió todo. Era un orden de Dios. Cuando Abraham se quedó entre la orden y sus sentimientos, eligió la orden de Dios sin pensar ni un momento. Hayar le preguntó otra vez:

— ¿Es una orden de Dios?

Sí, era una orden de Dios. Entonces, no quedaba más alternativa que admitirlo. Hayar comprendió los sentimientos de Abraham y le dijo para consolarle:

— En caso de ser una orden de Dios, sé que Él está con nosotros. Puedes irte tranquilo. ¡Dios nos protegerá aquí!

Ismael miró hacia atrás, a su padre, hasta que desapareció. Cuando comprendió que su padre se había ido, empezó a llorar. Su madre lloraba también así como su padre tras la duna. Los ángeles no pudieron soportarlo más y empezaron llorar. Todas las criaturas lloraban por la triste escena... Los cielos, la tierra, las montañas...

Abraham abrió las manos y suplicó a Dios:

— ¡Señor Mío! ¡Alabado seas! ¡Ves y oyes todo en el Universo! He dejado a mi familia en aquel valle árido en el que no hay ni una hoja verde, cerca de Tu Casa Sagrada. ¡Seguro que eres Aquél que les protegerá!

Ismael sonrió cuando regresó su madre. Hayar apretó a su hijo contra su pecho. Cayeron unas lágrimas sobre la cara luminosa de Ismael.

En el desierto, el agua es igual a la vida y la falta de agua es la muerte segura. Pasados unos días, el agua se había terminado. Ismael empezó a llorar por la sed. Hayar se levantó y empezó a buscar agua. Esperaba encontrar un oasis en el desierto. Vio una duna más allá, la duna de Safa. Subió la duna y miró hacia el horizonte. Buscó a un hombre, un árbol o un pozo. Pero no había nada en el horizonte sino la nebulosa del calor. Bajó de la duna de Safa y subió a la otra duna, la duna de Marwa.

Miró a sus alrededores pero sus esfuerzos para encontrar agua fueron vanos. No había nada sino vastas de arena.

Ismael lloraba cuando veía que su madre corría entre las dunas. Era muy difícil para un niño quedarse sin agua horas y horas. Pero era una prueba para Ismael. Dios quería que Su Mensajero creciera en las situaciones más difíciles. Siete veces vagó entre las dos dunas y por eso, los musulmanes van y vienen siete veces cuando realizan la peregrinación para recordar los sentimientos de Hayar y comprender los sucesos de ese día.

Hayar estaba muy cansada pero seguía corriendo. Hacía un calor mortal. Ella lloraba mucho por su hijo, no por sí misma. ¿Quién podía aguantar esta situación?

Los ángeles rompieron a llorar y suplicaron a Dios el Misericordioso. Dios contemplaba la escena también. No hay nada que permanezca en secreto para Él.

La compasión de todas las criaturas es una gota en el mar de la Compasión Divina. Es obvio que había un secreto en este suceso. Dios quería que los acontecimientos fueran bordados como una epopeya en las páginas de la historia de la humanidad. Quería que lo ocurrido en este desierto, que estaba muy lejos de la civilización, corriera de boca en boca siglos y siglos. Quería que todo el mundo comprendiera el Milagro Divino. Era una manifestación del poder de Dios. ¿Quién es más poderoso que Él en el Cielo y en la Tierra? El mismo Poder enviaría al Último Profeta, el Profeta de los Profetas (que Dios le bendiga y salve) en el futuro.

El Todopoderoso envió al ángel Gabriel a la Tierra. Cuando el pequeño Ismael vio a Gabriel, se olvidó de la sed y empezó a sonreír. ¡Qué bello era el ángel! Ismael llamaba a Gabriel con la mano; quería jugar con él. Luego, empezó a golpear la tierra con sus pequeños pies.

De repente empezó a brotar agua de dentro de las arenas, de la tierra yerma. ¡Era un milagro! ¿No es Dios el Todopoderoso? Hayar había vuelto junto a su hijo desesperanzada pero cuando vio a Ismael jugando con el agua, no supo qué hacer. La tristeza se convirtió en alegría, Abraham había confiado en Dios y madre e hijo bebieron hasta hartarse. Cercaron la zona, siendo denominada a partir de ese momento como el Pozo de Zamzam.

Zamzam llevó la vida a la zona. Gracias al agua la hierba empezó a crecer en la arena. Todo el valle se llenó verdor. Dentro del desierto infernal nació un paraíso. Vino mucha gente a ver el agua y la hierba; se construyó allí una nueva sociedad.

Pasaron los años, Ismael creció. Tenía trece o catorce años. Cuando Abraham vino para visitarles, vio la fecundidad que había traído el agua, y dio gracias a Dios por sus beneficios abundantes. Abraham quería mucho a su hijo Ismael, era un niño hermoso. Todo el mundo sabía que era un joven decente y muy inteligente. Tenía buenas cualidades porque era el hijo de un Profeta.

Nuestro Querido Profeta, el Señor de los señores, el Profeta Muhammad dijo: «Si Dios quiere a alguien, lo pone a prueba. Las pruebas de los Profetas son las más difíciles».

Ahora, Dios preparaba una nueva prueba para Abraham y su hijo Ismael.

Un día, por la mañana, Abraham e Ismael daban un paseo. Abraham le iba a decir algo muy importante. Le contaría lo qué había soñado la noche anterior. Tenía una expresión muy seria. Miró a los ojos de Ismael y dijo:

— ¡Hijo mío! Soñé que intentaba sacrificarte, ¿qué opinas acerca de esto?

¡Qué decencia tenía el Profeta Abraham! ¡Lo consultaba con su hijo! Ismael sabía que el sueño de los Profetas era un tipo de Revelación. Miró a la cara de su padre y dijo:

— ¡Padre mío! ¡Haz lo que te sea ordenado por Dios! Verás, por Dios, que soy paciente entre los pacientes.

¡Qué prueba tan difícil! ¡Qué obediencia tan fuerte! Era la manifestación de la confianza en Dios. Era el precio de ser el Padre de los Profetas.

Padre e hijo se despidieron para verse después. No pudieron hacer nada sino aceptar la orden. Cuando Ismael iba al lugar de la cita, Satanás se le apareció:

— ¿Estás loco? ¡Tu padre te sacrificará!

Cuando Ismael vio a Satanás, empezó a apedrearle y Satanás se escapó de allí. Más tarde, se le apareció otra vez y dijo lo mismo. Ismael le apedreó de nuevo. Desde este día, cuando los musulmanes realizan la peregrinación a La Meca, apedrean a Satanás de manera figurada. Él no pudo vencer a Ismael, fue derrotado y se marchó. ¡No era posible vencer a un Mensajero de Dios!

Más tarde, Ismael se había puesto contra el suelo para el sacrificio. Toda la naturaleza les miraba; todas las criaturas tenían ganas de saber lo que pasaría poco después. Veían la manifestación de una obediencia total. Era una prueba muy difícil para ambos. Cuando Abraham acercó el cuchillo al cuello de Ismael, oyó una voz celestial: «*¡Abraham! ¡Esto prueba que tienes confianza y fe en Dios! ¡Te has sometido a la Orden Divina! ¡Sacrifica este carnero en lugar de Ismael!*»

Abraham, Ismael, los ángeles en el cielo y las criaturas en la Tierra suspiraron de alivio profundamente. Había terminado la Prueba Divina y la había superado. Era un día festivo para todo el Universo. Este día fue nombrado como la Fiestadel Sacrificio para los musulmanes. En este día, los musulmanes sacrifican corderos y carneros recordando la historia del Profeta Abraham y su hijo Ismael.

Pasaron los años, Ismael creció y se hizo adulto, se casó y tuvo hijos. La población de los alrededores de Zamzam fue aumentando. El pueblo de Ismael veneraba a Dios ayudado por las palabras que habían aprendido de él.

Un día, Abraham e Ismael salieron a dar un paseo. Abraham sonreía. Dios les había mandado construir la Kaba, la Casa Sagrada. Los dos Profetas empezaron a trabajar sin perder tiempo. Construyeron la Kaba sobre la base que había excavado Adán.

La Kaba, corazón del mundo. La Kaba, la pupila del Universo. La Kaba, el lugar sagrado donde los ángeles en el cielo y los musulmanes en el mundo realizan la circunvalación (*tawaf*) a su alrededor.

Los dos Profetas suplicaron a Dios cuando construyeron la Kaba: «¡Señor Mío! ¡Acéptalo de nosotros! ¡Tú eres Quien todo lo oye, Quien todo lo sabe! ¡Señor Mío! ¡Haznos de los que se someten a Ti y haz de nuestros descendientes una comunidad musulmana que se someta a Tu Divinidad, siendo los representantes más notables de la obediencia a tu Poder ! ¡Envíales un Profeta que les lea Tus versículos! ¡Para que les enseñe lo oculto, les llame al recto camino, a la pureza! ¡Tú eres la única fuente de sabiduría!»

Dios aceptó sus súplicas y el señor del Universo, el Profeta Muhammad fue descendiente directo del Profeta Ismael. Él fue el Gran Profeta y sus creyentes, el pueblo de la Umma, fueron los creyentes más fieles.

Un día Nuestro Querido Profeta Muhammad (que Dios le bendiga y salve) dirigía unas palabras a sus discípulos. Cuando le tocó el turno de hablar del Profeta Abraham dijo: «Yo soy la súplica de mi padre Abraham; soy el hijo de dos sacrificios».

El primer sacrificio era el del Profeta Ismael y el segundo era su padre Abdullah.

Habían terminado la construcción de la Kaba. Abraham pensó poner una señal al principio del tawaf. Podía ser una señal en forma de roca pero sería diferente a las demás rocas de la construcción. Ismael buscó a una roca diferente en las montañas pero no pudo encontrarla. Cuando regresó, vio una roca negra llevada por su cansado padre:

— ¿Qué es eso?

— *Hayar al-Aswad*, la roca negra, la roca sagrada.

— ¿Dónde la has encontrado?

— Los ángeles la han traído del Eden.

Colocaron el *Hayar al-Aswad* en su lugar especial en un muro de la Kaba.

Desde este día, los musulmanes vienen a visitar La Meca, a realizar el *tawaf* en los alrededores de la Kaba, a besar la *Hayar al-Aswad*. Además, caminan entre las dunas de Safa y Marwa recordando la historia de Hayar. Luego, apedrean a Satanás como el Profeta Ismael hiciera. Ofrecen sacrificios, corderos y carneros, para manifestar la obediencia a Dios. Durante los rezos, vuelven sus rostros hacia la Kaba y de este modo rezan.

Dos ángeles hablaban entre ellos en el Cielo. Hablaban del Señor del Universo. El Señor de los señores estaba a punto de nacer, en La Meca, cerca de la Kaba, en los alrededores del pozo del Zamzam. Otro Zamzam que daría vida a las almas desiertas estaba a punto de nacer. Uno de los ángeles le dijo al otro: «¿Has entendido el misterio de la venida de Ismael a La Meca? ¿El misterio del sacrificio? ¿El misterio de la construcción de la Kaba? ¡Todo era para él!»

# EL PROFETA ISAAC

## (La paz y las bendiciones de Dios sean sobre él)

El Sol del mediodía brillaba en el cielo. El Profeta Abraham estaba cansado después de predicar un sermón y se sentó delante de su casa pensando en su hijo Ismael que había dejado a lo lejos. ¡Qué pruebas tan difíciles habían superado juntos! Había abandonado a su esposa e hijo en el desierto, más tarde el sueño del sacrificio, luego el carnero enviado por Dios y la Fiesta...

Abraham llevaba el Amor Divino, una fe ciega y mucho respeto en su alma. Aunque todas las noches las pasaba venerando a Dios, pensaba que no podía realizar Su alabanza y proclamar Su santidad lo suficiente porque ¡eran tantos los dones que Dios les daba! Recordó a su hijo otra vez. Ismael tenía un lugar especial en el corazón de su padre.

En este momento, tres ángeles bajaron del cielo con forma humana. Tenían unos rostros preciosos. Eran Gabriel, Miguel y Rafael[7]. Habían venido para visitar a Abraham y derrotar al pueblo de Lot.

Caminaban silenciosamente. Cuando tuvieron de frente a Abraham se pararon. Los miró pero no pudo reconocerlos. Los ángeles le saludaron. Se levantó y les saludó con una sonrisa también. Les invitó a su casa. Había algo muy raro en sus caras; entraron en la casa. Abraham fue a hablar con su esposa Sara después de hacerles sentar. Sara había envejecido mucho pero aún llevaba la luz de la fe en sus ojos. Abraham dijo:

— Tenemos tres invitados.

— ¡Dales la bienvenida! ¿De dónde vienen y quiénes son?

---

7    En el Corán son nombrados como *Cebrail*, *Mikail* e *Israfil*.

— No lo sé. Puede que vengan de lejos aunque sus ropas se parecen a las nuestras. ¿Tenemos algo para comer?

— No tenemos comida suficiente. Hay medio cordero frito pero sacrifica una ternera y fríela. Son extranjeros y no tienen comida, ni animales para montar. Es obvio que son pobres o son viajeros. Supongo que tienen mucha hambre.

Poco después, la comida estaba preparada. Sara puso la carne frita en el centro de la mesa y se fue. Abraham invitó los huéspedes a la mesa. Se sentaron juntos pero los extranjeros no comían nada. Abraham se desconcertó mucho. No sabía quiénes eran y pensó que podían ser personas de mala voluntad. No comprendió por qué motivo no comían. Tenían actitudes misteriosas.

Los ángeles sabían lo que pensaba Abraham. Dijeron sonriéndo:

— ¡No tengas miedo! Somos ángeles. No comemos nada pues no necesitamos alimentos. Estamos aquí para darte una buena nueva. Tendrás un hijo que se llamará Isaac[8]. Es un Profeta. Isaac tendrá un hijo también, que se llamará Jacob. Un Profeta también.

Sara se conmovió mucho, no sabía qué decir. Gritó golpeando sus mejillas con las manos:

— Soy muy vieja, mi marido también. ¿Cómo podemos tener un hijo a nuestra edad?

— Es el mandato de Dios. ¡No te sorprendas! ¡La misericordia y la abundancia de Dios están con vosotros!

Dios regalaría un hijo a Sara porque tenía obediencia, paciencia y fidelidad. Este hijo sería hermano de Ismael. Le consolaría en su tristeza de ser estéril. ¡Había deseado tanto darle un hijo a su marido!, pero no había podido concebirlo.

Tenía pena por no haber dado un hijo a su marido y por eso lo había casado con su sirvienta Hayar y tuvieron uno, Ismael. Pero ahora Ismael y su madre Hayar estaban muy lejos. Les echaba muchísimo de menos. Su destino era tener paciencia ante todas las dificultades. Por fin, Dios le dio la buena noticia de un hijo. El nacimiento de Isaac era un milagro.

---

8    En el Corán es nombrado como «Ishak».

El Profeta Isaac creció rodeado del cariño de su padre. Su casa era una casa sagrada porque siempre los ángeles les visitaban y Dios otorgaba revelaciones a su padre. Su sangre estaba llena de la Sabiduría Divina. Por fin, Dios le hizo Su mensajero.

El Profeta Isaac consagró su vida a llamar a la gente al recto camino de Dios. Era como su padre Abraham y su hermano mayor Ismael. Hubo muchos Profetas procedentes de su descendencia. La buena nueva del nacimiento de Jacob fue dada por los ángeles. El Profeta José, el Profeta Moisés, el Profeta Jesús, el Profeta Juan y el Profeta Zacarías son descendientes del Profeta Isaac.

# EL PROFETA LOT

## (La paz y las bendiciones sean con él)

Cuando se ponía el sol, aparecieron tres jóvenes junto a las murallas de la ciudad de Sodoma. Andaban sobre la hierba verde con pasos tranquilos y suaves hacia la ciudad. Eran Gabriel, Miguel y Rafael. Llevaban un encargo; en realidad dos encargos: uno era una buena noticia y otro era el de la Ira Divina. Habían dado la buena nueva del nacimiento de Isaac a Abraham. Más tarde, tenían que informar al Profeta Lot[9] también. Pero la noticia, en este caso, sería la de la Ira Divina.

Cuando llegaron al río rodeado de los árboles gigantescos, vieron a la hija de Lot que estaba tomando agua del río con un botijo. La saludaron. Cuando la hija de Lot miró a las caras de los extranjeros vio tres jóvenes hermosos. Habló consigo misma y dijo: «¡Ay de mí! ¿Qué hacen aquí estos jóvenes tan hermosos?»

Gabriel le preguntó a la chica:

— ¿Dónde está la casa de Lot?

De repente, la chica no le permitió terminar de hablar. Pensó en el daño que la mala gente del pueblo de Sodoma podría hacerles. Dijo:

— ¡No os vayáis a ningún lado! Le daré la noticia de vuestra llegada a mi padre.

Dejó el cántaro en el río y corrió a la casa para informar a su padre Lot. Dijo emocionadamente a su padre:

— ¡Padre mío! En la entrada de la ciudad hay tres jóvenes a quienes no había visto antes. Preguntaban por ti. ¡Qué hermosos son, co-

---

9    En el Corán es nombrado como «Lut».

mo un retazo de Luna! Temo que la gente les pueda hacer daño. Tienes que salvarles ante de que les vean en el pueblo.

Lot empezó a correr hacia el río. Pensó que este día sería muy difícil. Al ver a los extranjeros, cambió la expresión de su cara y empezó a temer aún más. Antes de darles la bienvenida, preguntó:

— ¿De dónde venís? ¿A dónde vais?

Ninguno de ellos le respondió. Más tarde le pidieron a Lot que les invitara a su casa. Le hicieron avergonzarse porque antes de invitarles les había preguntado de dónde venían. Era un Profeta, un hombre muy respetable. Los Profetas son las estrellas de la humanidad, son las perlas de la humanidad porque tenían almas tranquilas y limpias y poseían la perspicacia profética.

Además, el Profeta Lot había crecido bajo la tutela del Profeta Abraham. Cuando era un niño, había visto a un joven que hablaba de Dios, el Único, y se admiró de que tuviera aquella obediencia total. Recordaba el caso de los adivinos cuando Abraham había derrotado a los ídolos en el templo. Entonces, cuando los adivinos le preguntaron quién lo había hecho, Abraham había señalado el hacha colgada en el cuello del gran ídolo y había dicho: «Él lo ha hecho... Él es su líder, es el mayor de ellos. ¡Preguntadles a ellos y que os lo digan!» Aquel día fue cuando Lot le había aceptado ya totalmente.

Otro día, Abraham había vencido a Nimrod, el Rey de Babilonia, ante los ojos del pueblo. Le había dicho: «Dios hace que el Sol salga por el Este; si puedes, ¡hazlo tú salir por el Oeste!» Entonces, Nimrod fue impotente, no sabía qué hacer; fue incapaz de pensar en la manera de reaccionar.

Aquel día, Lot había hablado con Abraham y le había confesado su creencia en Dios. Además, Abraham se había salvado del fuego de Nimrod sin tener ninguna herida y había dicho: «¡Dios es suficiente para mí!»

Poco después las llamas de la hoguera estaban a punto de tragarse a Abraham pero en ese momento, justo cuando los poderes de la oscuridad iban a vencer, surgió un milagro. Abraham salía de entre las llamas sano, salvo y sonriente.

Lot fue la primera persona en aceptar la creencia en lo predicado por Abraham. Entonces empezó a ser un guía como Abraham viajando a muchos países y llamando a la gente al recto camino de Dios. Por fin, fue el Profeta de los Reinos de Sodoma y Gomorra.

La gente de Sodoma y Gomorra era muy inmoral. La inmoralidad extendió sus tentáculos por todo el Reino. La delincuencia, los asesinos, los robos y demás maldades eran bastante frecuentes. Se practicaban todo género de actos deshonestos en aquellas tierras creadas con esmero por Dios. Sobre todo, tenían un hábito terrible: la sodomía. La práctica del coito anal entre hombres estaba muy extendida también. Lo hacían públicamente. Además, violaban a los visitantes del país para practicar sus fechorías.

Al Profeta Lot le preocupaba que la gente pudiera atacar a los jóvenes extranjeros. Mientras caminaban entre los árboles les dijo a los jóvenes:

— No conozco a un pueblo que sea tan inmoral como los Reinos de Sodoma y Gomorra.

Intentaba impedirles entrar en la ciudad porque temía que la gente les hiciera daño. Pero los jóvenes no dijeron nada. El Profeta Lot siguió hablando. Contó que los visitantes del pueblo siempre eran víctimas de una agresión brutal. Todos los habitantes del pueblo eran unos conspiradores. El Profeta Lot quería ofrecerles su hospitalidad; entretanto, quería alejarles de la ciudad. Pero los jóvenes no hablaban de nada. Solamente andaban en un silencio absoluto. El Profeta Lot no había conocido a gente tan extraña antes. A pesar de todo, querían ser huéspedes en su casa. Pero, el Profeta Lot se preocupaba mucho por ellos. Cuando pasaban por un jardín les dijo que esperaran entre los árboles hasta el anochecer y les llevaría a su casa por la noche. Pensaba llevarles por la noche y despedirles por la mañana temprano; en ese momento, la gente no podría verlos. Cuando llegaron a casa, el Profeta Lot tenía tantas preocupaciones en su mente que había olvidado ofrecer comida a los extranjeros.

En la oscuridad de la noche, el Profeta Lot fue a la arboleda y llevó los extranjeros a su casa. Nadie pudo verlos porque las calles estaban vacías. Pero en la casa de Lot había una traidora: su esposa. Cuando su esposa vio a los extranjeros, salió de casa y anunció a los cuatro vientos la llegada de los tres jóvenes. La noticia fue divulgada rápidamente por el pueblo. Iban a empezar las horas llenas de sufrimiento.

Miles de personas corrieron a la casa de Lot para ver a los jóvenes. Todos estaban borrachos. Se habían vendado los ojos para no ver la verdad. Se volvieron locos y sus gritos hacían eco en las calles. La serpiente que envenenaba sus almas estaba despierta.

El Profeta Lot asomó la cabeza por la ventana. «¿Quién les habría dado la noticia? ¿Quién habría divulgado el secreto de los extranjeros que han llegado?», se preguntó.

Miró a su alrededor; buscó a su esposa, pero no pudo encontrarla. La casa del Profeta Lot estaba rodeada por la discordia. Esa noche podrían ocurrir eventos horribles. ¿Podría lograr convencer a la gente de que les dejaran en paz? Decidió intentarlo porque era un Profeta y en cualquier situación tenía que enseñar las órdenes de Dios.

El Gran Profeta Lot salió de la casa. Era fuerte como un león cuando dirigía la palabra a la gente:

— ¡Pueblo mío! ¡Es obvio que cometéis una deshonestidad! ¡No os fijéis en los hombres! ¡Lo mejor es que vayáis junto a vuestras mujeres que vuestro Señor ha creado para vosotros! Hay muchísimas mujeres guapas en la ciudad; casaos con ellas y gozad en una manera permitida por Dios.

Sus almas eran prisioneras de sus malos actos y le respondieron riéndose:

— Como sabes, no estamos interesados en las mujeres. Sabes lo que queremos. ¡Danos a los jóvenes extranjeros!

En una comunidad, si la inmoralidad es la norma, dicha comunidad nunca puede mejorar su situación. Entonces, el Profeta Lot dirigió palabras a sus conciencias:

— ¡Temed a Dios! ¡Seréis castigados si seguís cometiendo ese pecado!

No sentían ningún remordimiento de conciencia y dijeron:

— ¡Haz lo que quieras! ¡Si es verdad lo que dices, tráenos el castigo! ¡No te creemos!

Entonces el Profeta Lot preguntó:

— Son mis huéspedes. ¿No tenéis respeto a los huéspedes? ¡No me menospreciéis ante ellos! ¿No hay un hombre honrado entre vosotros?

Aquellos a los que dirigía la palabra no eran humanos sino animales vestidos de humanos. Estaban éticamente enfermos. Sus bocas estaban llenas de espumarajos y salía fuego de sus ojos. Preguntó otra vez, sin esperanza:

— ¿No hay nadie inteligente entre vosotros?

Su pregunta se perdió entre los gritos de la gente. Algunos de ellos se abrieron paso entre la muchedumbre e intentaron entrar en la casa de Lot. El Profeta los empujó, entró en la casa y cerró la puerta. Las hijas del Profeta Lot le miraban con temor y los extranjeros permanecían sentados tranquilamente; no perdieron la serenidad pero Lot tenía mucha curiosidad por saber quiénes eran.

Las manos lujuriosas empujaban la puerta. Les relampagueaban los ojos de ira. Los gritos de la gente y de los habitantes de la casa hacían eco en todas las paredes de la casa. La puerta estaba temblando y empezó a crujir. Parecía que la puerta no podría aguantar más los golpes.

El Profeta Lot se entristecía y se preocupaba por sus huéspedes porque no podía protegerlos de la gente. Los extranjeros habían confiado en él. El Profeta se dijo: «Quisiera tener muchísimos hijos o una familia muy grande para proteger a los jóvenes». El Profeta Lot no era de esa ciudad; había inmigrado a Sodoma y Gomorra para predicar el Islam.

Parecía un caso sin remedio. La puerta estaba a punto de romperse. Es imposible describir el temor del Profeta Lot por los jóvenes. En este momento, el Arcángel Gabriel se levantó y dijo al Profeta en voz baja:

— ¡Profeta Lot! ¡No temas! Somos los mensajeros de Dios. La gente no te podrá hacer daño ni a ti ni a nosotros.

Cuando el Arcángel Gabriel terminó las palabras, algunos rompieron la puerta y entraron en la casa. El Arcángel Gabriel les hizo una seña con la mano y los dejó ciegos. Todas las personas que intentaron entrar en la casa del Profeta se quedaban ciegas. No podían ver nada. Empezaron a chocar de frente. Poco después huían presos del pánico.

Para el Profeta Lot y su familia la tempestad había cesado... Se despertaron de la pesadilla. Pero para los sodomitas que eran el símbolo de la inmoralidad la pesadilla empezaba ahora.

Los ángeles dijeron al Profeta que se pusiera en camino con su familia y abandonara la ciudad. La Orden Divina vendría y el castigo les alcanzaría al amanecer. El Arcángel Gabriel les advirtió por última vez de que ninguno de ellos volviera la vista atrás. No pudieron comprender la forma del castigo pero sabían que tenían que obedecerlo.

Después de la medianoche, el Profeta Lot y su familia estaban en camino fuera ya de la ciudad. Estaba a punto de amanecer. Era la hora del castigo.

Cuando la Orden llegó, toda la gente estaba durmiendo en la ciudad. El Arcángel Gabriel levantó con sus alas las siete ciudades de Sodoma y Gomorra y las elevó por los aires y luego las dejó caer al vacío. Llovían piedras a diestro y siniestro. Estaban durmiendo y no pudieron salvarse. Tampoco podrían haber hecho nada para salvarse si estuvieran despiertos.

La tierra y el cielo estaban entremezclados. Las montañas, las casas y los cuerpos eran solamente escombros. Los gritos resonaban en las calles. Los que antes se habían burlado del Profeta Lot y querían el castigo prometido de Dios, quedaron como las hojas agitadas por el viento. Ese día no había salvación alguna ante tal castigo.

Cuando el Profeta Lot les advirtió de que dejaran de cometer sus actos deshonestos, los sodomitas habían dicho:

— ¡Expulsad a Lot con toda su familia porque son de los puros!

¡Qué sociedad tan abominable era aquella donde la pureza era un pecado! El Profeta Lot y su familia abandonaron la ciudad; era lo que querían. Entonces, la Ira Divina limpiaba la suciedad de la ciudad. Llovía fuego del cielo, estaba relampagueando y los rayos que caían les mataban.

El Profeta Lot y su familia caminaban sin mirar atrás. Su esposa era una traidora infiel y el Arcángel Gabriel había dicho que su esposa sería castigada. La mujer miró atrás y se convirtió en una roca. Dios da tiempo a los pueblos para que mejoren su situación pero nunca se des-

cuida y cuando el tiempo llega, les da un castigo terrible por no obedecer las Leyes Divinas.

Los que visiten Jordania pueden contemplar un lago grande que
se llama el Mar Muerto. Es un lago muy extraño, el agua contiene una
alta concentración salina y por este motivo su densidad es muy elevada. Se encuentra entre montañas, bajo el nivel del mar. Allí se pueden
ver rocas fundidas y piedras extintas. Las ruinas de las ciudades que fueron derrotadas por la Ira Divina se hallán en las profundas aguas del
lago que ese día se formó.

# EL PROFETA SUAYB

## (La paz y las bendiciones de Dios sean con él)

«¡Pueblo mío! ¡Servid a Dios! ¡No tenéis ninguna otra deidad que no sea Dios! ¡Él es el Único Señor de la Tierra y de los Cielos! ¡Él es vuestro Creador, el que os ha dado la vida!»

En las calles de la ciudad de Madián, hacían eco las palabras del Profeta Suayb[10]. Suayb era descendiente del gran Profeta Abraham.

Un profeta es un guía, un médico enviado por Dios para que cure las enfermedades espirituales de la humanidad. Las enfermedades espirituales son diferentes: en algunas naciones es servir a Satanás, olvidar la devoción a Dios, la búsqueda del placer mundano o perderse en los oscuros valles del ego.

Suayb era el Profeta de la ciudad de Madián. La ciudad se parecía al paraíso terrenal y era como una exposición de las Bellezas Divinas, con bosques verdes, ríos, corrientes y pájaros cantores. Todas las criaturas de la naturaleza, los ruiseñores, las flores y las frutas eran pruebas de la existencia de Dios, el Creador, pero los Madianitas apenas podían verlos; era como si sus corazones estuvieran muertos, sus mentes no funcionaban. No sentían ningún remordimiento de conciencia.

El Profeta Suayb estaba dirigiendo palabras a la gente en la plaza mayor de la ciudad de Madián:

— ¡No hay más deidad que Dios Único! ¡Abandonad la adoración a los ídolos!

La gente sintió el eco de las palabras de Suayb en sus almas como un terremoto. Adoraban a un árbol, *Al-Aikah*. Creían que todas las bellezas eran los beneficios de ese árbol. Creían en la naturaleza y en al-

---

10   En la tradición judeo-cristiana es conocido como «Jetro».

gunos poderes naturales como si fueran dioses. Cuando el Profeta Suayb terminó de hablar, la gente estaba pensando en aquellas palabras que oían por primera vez.

Los dichos del Profeta Suayb se extendieron por toda la ciudad y algunos de los madianitas se inclinaron por creerlo. Pero los dignatarios del pueblo y los gobernantes no pudieron aceptarlo porque sus palabras podían echarles del trono.

Después de unos días, el Profeta Suayb proclamaba de nuevo en los foros de las ciudades:

— ¡Pueblo mío! Dios os ha dado muchísimos beneficios ¡No engañéis en la medida ni en el peso! ¡No seáis estafadores! ¡Que vuestra ganancia sea obtenida en una manera permitida por Dios! ¡Temed a Dios!

Los madianitas eran muy ricos pero sin embargo, eran tramposos. Por ejemplo, al vender los productos, un sastre solía medir las telas más cortas, un frutero solía pesar las frutas o las verduras de manera fraudulenta, algunos solían vender sus productos más caros que lo que sus precios normales marcaban. Los clientes solían robar los productos de las tiendas también. En resumen, la fraudulencia y el robo eran muy populares en toda la ciudad.

La gente abusaba de los derechos de los otros públicamente. Sus riquezas aumentaban injustamente. La gente de la ciudad de Madián practicaba actos deshonestos que estaban prohibidos por Dios.

Los dignatarios de la sociedad no consideraron importantes las palabras del Profeta Suayb. Se burlaron de él. Un día, intentaron despreciarle ante la gente:

— ¡Suayb! No entendemos tus palabras. Hablas de cosas extrañas. ¿De dónde procedes? Quieres que dejemos de creer en la creencia de nuestros padres y creamos en Dios, el Único. No lo habíamos oído antes. Además, dices que eres el Mensajero de Dios pero eres un hombre como nosotros. ¿Dios te ha enviado entre nosotros como Su Mensajero?

No podían comprender. Es obvio que el Mensajero de Dios tenía que ser un hombre como ellos. Si fuera un ángel, ¿cómo podrían vivir como él? Un ángel no come, no bebe ni duerme. Sin embargo un Profeta era uno de ellos. Vivía como ellos pero tenía virtudes que los demás no tenían. Era como un ángel en la Tierra.

Suayb les dijo:

— ¡Pueblo mío! ¡Cómo podéis cometer actos depravados! ¡Temed a Dios! Arrepentíos de vuestros actos injustos y pedid que Dios os perdone! ¡Mi Señor es el más Compasivo!

El Profeta trató en vano de convencerles. Las almas de los madianitas estaban encarceladas en las oscuras mazmorras del ego. Solamente un grupo de pobres e indigentes creyeron en Dios. Cuando los dignatarios de la ciudad comprendieron la gravedad del caso, empezaron a torturar a los creyentes. Además, empezaron a ir a los lugares en los que el Profeta dirigía mensajes a la gente e intentaban impedir que la gente le escuchara.

Es la estrategia de los poderes oscuros. En primer lugar, se burlan de la verdad. Si eso no funciona, empiezan a amenazar. Por último, recurren a la violencia.

El Profeta Suayb era valiente. Se entristecía porque la gente no aceptaba sus palabras y le despreciaba. Los habitantes de la ciudad iban encaminándose directamente al infierno poco a poco. Quería que vieran la verdad y comprendieran que la obediencia en Dios era el verdadero paraíso.

Cuando el Profeta Suayb realizaba las oraciones plácidamente, los ángeles sentían una gran admiración por su obediencia. En Suayb se podían adivinar las señales del conocimiento de Dios. Por las noches, veneraba a Dios y durante el día llamaba la gente al recto camino.

Las ideas del Profeta Suayb se extendían por toda la ciudad y entonces, los poderosos de la sociedad decidieron solucionar el problema de raíz. Suayb intentaba convencerles para que creyeran en Dios diciendo:

— ¡Pueblo mío! ¡Obedeced a Dios! ¡No abuséis de los derechos de la gente! ¡No adoréis a los ídolos! ¡Rogad el perdón a Vuestro Señor! ¡Él es Misericordioso!

Se burlaron de él y dijeron:

— ¡Suayb! ¿Acaso te ordena tu religión que dejemos lo que nuestros padres servían o que dejemos de utilizar libremente nuestra hacienda? Podemos hacer con nuestro dinero lo que queramos. Además, ¡si tú y tus seguidores no pasaís a ser de los nuestros os echaremos de la ciudad!

El Profeta Suayb les respondió tranquilamente:

— ¡Pueblo mío! ¡Soy un Mensajero veraz y una prueba clara de haber sido enviado por Dios! ¡Temed a Dios y obedecedme! ¡Temo que seréis castigados por la Ira Divina! Entonces, no podré hacer nada por vosotros.

– ¡Suayb! Si tu familia no fuera tan grande, te echaríamos de la ciudad o te mataríamos— dijeron los incrédulos.

El Profeta Suayb era uno de entre los madianitas y tenía una familia muy grande. Respondió a los incrédulos que habían olvidado que el Único poder en el Universo era el de Dios:

— ¡Pueblo mío! ¿Os impresiona mi familia más que Dios, pues no Le teméis a Él? ¡Él es Todopoderoso! ¡Si os alcanza el castigo de Dios, no podréis salvaros!

Entonces los incrédulos se enfadaron y le dijeron:

— ¡Eres un mentiroso! ¡No queremos que estés aquí! ¡Te mataremos a ti y a los tuyos! ¡Si eres un profeta, haz lo que dices! ¡Esperamos que caiga el castigo de tu Señor! ¡No te creemos! ¡Hoy es tu último día para ti y los tuyos! ¡Abandona la ciudad o te mataremos!

El Profeta Suayb hizo todo lo que estuvo en sus manos. Eran las últimas palabras de los incrédulos. Le tocaba el turno de hablar. Las últimas palabras del Profeta resonaron en las calles de la ciudad de Madián:

— ¡Pueblo mío! ¡Os advertí que abandonarais vuestros errores pero no me escuchasteis! ¿Os olvidasteis del Diluvio de Noé? ¿Os olvidasteis de los tamudeos que habían matado al camello de Salih? ¿No recordáis el castigo que había alcanzado a los aditas y al pueblo del Profeta Lot? ¡Pueblo mío! ¡Esperad el castigo que os alcanzará dentro de siete días!

Un momento después, apareció un grupo de personas en las calles de la ciudad. Eran el Profeta Suayb y sus creyentes. Los incrédulos les miraban victoriosos como si les hubieran vencido. Según ellos, habían vencido al Profeta Suayb. Al salir de la ciudad, el Profeta Suayb miró hacia la ciudad de Madián desde la cima de una duna y dijo:

— ¡Pueblo mío! ¡Os lo he advertido pero no me habéis obedecido!

Tras la ida de Suayb y sus creyentes, acaeció una sequía en toda la ciudad. Hacía un calor infernal. Todas las fuentes de agua se secaron. Después de unos días, el Sol secó todos los árboles y los jardines. La gente se retorcía de padecimiento debido a la sed. Los labios se agrietaban. Tenían problemas respiratorios agudos. «¿El Profeta Suayb decía la verdad? Si hubieran creído, ¿Dios les habría perdonado?» se preguntaban constantemente. Pero la ceguera espiritual, la insistencia y la vanidad les impidieron aceptar la verdad. Algunos intentaron huir de la ciudad pero no lo lograron. Se confundieron en los caminos y las murallas de la ciudad les impidieron salir.

El séptimo día, apareció una nube negra y enorme en el horizonte. Pensaron que era una nube de lluvia. La gente gritaba de alegría:

— ¡Va a llover! ¡Va a llover! ¡Nos salvamos!

Toda la gente se puso en camino para recibir la nube. Todos los habitantes de la ciudad corrían hacia la lluvia, la lluvia también.

Hacía un rato que la nube cubría el cielo. El cielo estaba totalmente negro. La gente esperaba las gotas de lluvia con manos y bocas abiertas.

Y comenzó a llover... En forma de ascuas de fuego. Estaba tronando... Se escuchó un grito desde el cielo... Cuando empezó a llover fuego, fueron presas del pánico e intentaron a huir pero no lo lograron porque lo que caía aplastaba los cuerpos de los habitantes. Los golpes de las rocas de fuego desprendían las cabezas y los brazos de los cuerpos. Gritaban «¡Huid!», pero ese día no había huida ni salvación posible de la Ira Divina. Dios da oportunidades al remordimiento pero nunca se posterga. Si ellos siguen insistiendo en sus faltas, aunque Dios les haya dado tiempo para el remordimiento, les alcanza un castigo doloroso tal que no pueden salvarse.

Todo el mundo estaba ardiendo. Estaba tronando y las montañas estaban hechas añicos. Las casas quedaron reducidas a escombros. Unos minutos más tarde los habitantes de Madián y Al-Aikah perecieron por completo. Se pasó una página más de la Historia de la humanidad. Los seres humanos no superaron la prueba de nuevo. Obedecieron a Satanás en una nueva ocasión y olvidaron las palabras de Dios que había dicho a Adán: «Yo enviaré Mensajeros a los humanos para que les guíen. ¡Si ellos les siguen y les obedecen, tendrán salvación! ¡Si obedecen a Satanás, se quemarán en el infierno!»

Mientras el Profeta Suayb pensaba en estos versículos, una lágrima caía en su rostro por su pueblo que fue castigado y siguió caminando, hacia otro lugar, un país desconocido de la Tierra...

# LOS PROFETAS JACOB Y JOSÉ

## (La paz y las bendiciones de Dios sean con ellos)

El Profeta José[11] era el niño más hermoso y maravilloso del Mundo. Eran doce hermanos. Su padre era el Profeta Jacob[12], hijo del Profeta Isaac. El Profeta Jacob quería a su hijo José más que a los otros. Era muy guapo, tenía una conciencia limpia y era muy decente. Pero por tal motivo sus hermanos lo envidiaban, porque era el más amado de su padre. Un día convocaron una reunión conspiradora y decidieron acabar con él. Mientras sus hermanos hacían el plan, José estaba durmiendo. Soñaba que el Sol, la Luna y once estrellas se postraban ante él. Al despertarse, fue a hablar con su padre. Habló de su sueño y Jacob, como era un Profeta, conocía la interpretación de los sueños. Según él, el Sol y la Luna eran Jacob y su esposa, las once estrellas eran los hermanos de José. A los hermanos celosos no les agradó el sueño. El Profeta Jacob también había enseñado algunas ciencias ocultas a sus hijos. Le advirtió a su querido hijo:

— No hables de tu sueño con tus hermanos; si no, se servirán de una artimaña contra ti.

Sus hermanos hicieron el plan. Hablaron con su padre para llevar a cabo su plan:

— ¿Por qué no permites que José venga con nosotros para que paste el ganado? ¿No te fías de nosotros en lo tocante a José? ¡Cuidaremos de él, te lo prometemos! ¡Envíale mañana con nosotros para que juegue y se divierta!

El Profeta Jacob comprendió que pasaba algo malo. Les dijo a ellos:

---

11    En el Corán es nombrado como Yusuf.
12    En el Corán es nombrado como Yakub.

— Si lo lleváis, su partida me entristecerá mucho. Temo que mientras estéis jugando, un lobo se lo coma.

— ¡Imposible! Somos once personas. ¿Cómo puede acercarse un lobo cuando estemos con él? ¡No te preocupes! Cuidaremos de él, te lo prometemos!

Se lo pidieron con tanta insistencia que el Profeta Jacob les permitió llevarlo con ellos. Se pusieron en camino. Tenían otros propósitos malignos en mente. Querían echarlo al fondo de un pozo y acabar con él para siempre. Arrojaron al pobre José al fondo de un pozo y por la noche, regresaron a casa y llevaron la camisa de José manchada de sangre de un cordero de su padre, el Profeta Jacob preguntó:

— ¿Dónde está mi querido hijo José?

— Mientras estábamos atareados, dejamos a José junto a nuestras cosas. Cuando regresamos, vimos que un lobo se lo había comido. Sabemos que, aunque decimos la verdad, no nos creerás.

El Profeta Jacob miró la camisa de José. La camisa estaba manchada de sangre pero no estaba rota. Dijo a sus hijos:

— ¡Que lobo tan extraño! ¿Cómo pudo comer a José sin tocar su camisa? Vuestros espíritus malignos os han inducido a cometer este delito. Desde ahora debo tener paciencia. ¡Dios es mi Auxiliador ante esta calamidad!

El Profeta Jacob no había olvidado el sueño de José. Los sueños de los Profetas son veraces. Dios enseñó a José el futuro en su sueño. Jacob sabía que José estaba vivo. Pero no podía hacer nada más que enseñar a la humanidad a tener paciencia ante la ausencia de un hijo.

José estaba esperando en el fondo oscuro del pozo. En ese momento, estaba pasando una caravana cerca de allí. El guía de la caravana mandó a sus sirvientes a coger agua del pozo. Cuando los sirvientes colgaron el cubo, José agarró la cuerda del cubo y salió del pozo. Los sirvientes vieron a José y gritaron:

— ¡Que muchacho tan guapo!

¿Qué podía hacer un muchacho tan guapo en el fondo de un pozo? Es obvio que habían intentado acabar con él. Sin embargo, no les importaba lo que le podía haber pasado porque podrían ganar dinero vendiendo al muchacho como esclavo. Lo ocultaron entre sus bienes y se pusieron en marcha, pues iban de camino a Egipto. Cuando se percataron de que era un niño decente, educado y de noble corazón, pensaron que José podría ser un príncipe. Su familia tenía que estar buscándole por lo que tenían que venderlo cuanto antes.

Lo llevaron al mercado de esclavos. En ese momento, el visir del Faraón estaba allí. Admiró la hermosura de José. Cuando el visir preguntó el precio de José, los hombres de la caravana fueron presas del pánico y vendieron el tesoro más valioso del mundo por cuatro escasas monedas de oro. Él tenía una fe incomparable en Dios. Sabía que Dios le protegería de todas las maldades. Él no había olvidado el sueño también.

Todo el mundo estaba fascinado con la belleza de José. A la gente no le agradaba solamente la belleza de su rostro, también su dignidad eran un cúmulo de alabanzas. Tenía una conciencia limpia y al visir le gustaba también. Le dijo a su esposa:

— ¡Cuida de este chico! Quiero criarlo como si fuera nuestro hijo. Quizá nos sea útil en el futuro y lo adoptemos como hijo.

Empezó una nueva vida en el palacio del visir para José. Después de unos años, el señor del palacio comprendió que José era un regalo divino para él. No había visto nunca una persona tan decente, digna de confianza, generosa y valiente. Le concedió las responsabilidades del palacio y le trató como si fuera su hijo.

Pasaron los años. José creció y se hizo un joven maduro. Además, Dios le dio una claridad de juicio especial. Llegar a la madurez se tornaría en nuevas pruebas para José. Dios le enseñaría a todo el mundo las cualidades de un perfecto obediente gracias a su comportamiento. Las pruebas más difíciles eran para los Profetas y al final de las pruebas enseñaron a la humanidad la obediencia verdadera.

Su forma de ser, su carácter eran muy diferentes de los demás. Era tan noble que ningún miembro de las familias egipcias poseía su nobleza. Él era un Profeta, su padre Jacob y su abuelo Isaac también lo fueron. Él era nieto del Gran Profeta Abraham que era el Íntimo Amigo de Dios.

Pero un acontecimiento vendría a empañar la reputación de José. La esposa del visir estaba enamorada de él. Intentó seducirle por todos los medios. El Profeta José era el símbolo de la seguridad; nunca se rindió a las seducciones de la mujer. Se preocupaba por la honra de su señor y por la suya. Empezaron días de pena, días de la salvaguarda de su castidad en el palacio.

Un día, la esposa del visir se acicaló y mandó a José venir a su habitación. José era tan casto que no podía mirarla a su rostro. Actuar erróneamente era lo peor que le podía pasar a José. La mujer cerró todas las puertas y llamó a José para cometer una indecencia. El Profeta José se sobrecogió y dijo:

— ¡Me refugio en Dios que tantos beneficios me ha concedido! Tu marido me ha tratado bien también ¡No puedo traicionar ni a mi Señor ni a tu marido!

La mujer se acercó a José. José se precipitó hacia la puerta. La mujer le desgarró la camisa de José por detrás. Cuando José intentaba abrir la puerta, se encontró al visir y a uno de los íntimos amigos de la familia. José se avergonzó por haber estado allí. Él temblaba y la mujer se ruborizó. Antes de que el visir hablara la mujer le calumnió a José diciendo:

— ¿Cuál es el castigo de alguien que intenta hacer mal a tu mujer, el encarcelamiento o una tortura dolorosa?

Para proteger su castidad José dijo:

— ¡Soy inocente! ¡Me refugio del pecado en Dios!

El hombre que había sido testigo del suceso con el visir dijo:

— Si la camisa de José hubiese sido desgarrada por delante, entonces, ella diría la verdad y él mentiría; mientras que si la camisa ha sido desgarrada por detrás, ella miente y él dice la verdad.

Todos miraron a la camisa de José y vieron que la camisa había sido desgarrada por detrás. Lo declararon inocente. El visir reprendió a su mujer por la situación y le expresó a José que no hablara de esto con nadie. Indicó a todos que se comportasen normalmente como si no hubiese ocurrido nada.

Sin embargo, la noticia se extendió por todos los palacios de los otros visires poco después. Todo el mundo decía que la esposa del visir se había enamorado de un sirviente. Entonces, la esposa del visir ofreció un banquete e invitó a las mujeres de la alta sociedad para mostrarles el sirviente del cuál se había enamorado. Después de comer, como postre les ofreció frutas y un cuchillo para pelarlas.

Al empezar a pelar las manzanas, la mujer llamó a José para que saliera ante los ojos de las mujeres. Cuando José entró en la habitación, todas las mujeres abrieron los ojos como platos, fascinadas. «¡Qué bello era!» exclamaban al unísono. Se cortaron los dedos en lugar de pelar las manzanas. No veían la sangre ni sentían el dolor. Lo que veían solamente era la belleza de José. Estaban hipnotizadas ante su belleza. Una de las invitadas gritó:

— ¡No puede ser un ser humano!

Otra mujer apuntó:

— ¡Sí, puede ser un ángel!

José sintió vergüenza en su decencia y no podía mirar sus caras. La esposa del visir preparaba una intriga más contra él. Las mujeres entendieron todo lo ocurrido cuando la anfitriona les dio pañuelos para que se limpiaran las manos. La mujer del visir dijo:

— Me habíais condenado por estar enamorada de él. ¿Qué os parece?

Todas las mujeres dijeron que tenía razón. Ella siguió hablando:

— Si no hace lo que yo le ordeno, será encarcelado y despreciado.

José veía que estaba rodeado de gente injusta por todas partes. Salió del salón, abrió las manos y pidió:

— ¡Señor mío! ¡Prefiero la cárcel a acceder a la indecencia que ellas me piden!

Empezaba una nueva prueba para el Profeta José. Todo el mundo había oído el suceso. La historia de las mujeres de la alta sociedad se extendió por todo el país y provocó un gran escándalo. Todo el mundo sabía que José era inocente. Los poderosos y los ricos lo encarcelaron para ocultar sus faltas.

El Profeta José era inocente, no conocía la maldad ni la indecencia; sin embargo, alzaban calumnias contra él. Estaba oprimido. No tenía más remedio que tener paciencia y aceptar su destino. En la cárcel, el Profeta José siguió predicando la palabra de Dios porque era tan importante como el agua o el aire lo es para los seres vivos. Él sabía que las oscuras mazmorras se convertían en un paraíso brillante para un alma creyente en Dios.

Poco después, la cárcel se convirtió en una escuela. El Profeta José empezó a hablar de la obediencia a Dios. Hablaba de la compasión divina que rodea a todas las criaturas y de la misericordia eterna de Dios. Hacía una pregunta a los que le escuchaban:

— ¡Amigos míos encarcelados! ¡Pensad! ¿Es razonable creer en muchos dioses o en Dios, el Único, que creó todo lo existente?

Dos jóvenes habían sido encarcelados con él. Uno era el cocinero y el otro era el escanciador del Faraón. Un día, el cocinero dijo que soñó que llevaba un pedazo de pan sobre la cabeza y un grupo de pájaros intentaban comer el pan. El escanciador dijo que soñó que servía vino al Faraón. Los jóvenes pidieron que José les interpretara los sueños.

José empezó a hablar en el nombre de Dios. Aprovechaba todas las oportunidades para predicar la palabra de Dios. Dijo:

— ¡Amigos prisioneros! Abandoné a una sociedad que no creía en Dios y en el día del Juicio Final.

Daba respuestas a sus preguntas antes de que preguntaran. ¿Qué hacía una persona tan buena en la cárcel? José siguió hablando:

— Si hubiera hecho lo que me habían mandado, sería como uno de ellos. Les abandoné a ellos y a su camino. Seguí la religión de mis antepasados Abraham, Isaac y Jacob. Todas las virtudes que poseo, proceden de la creencia en Dios. Este es un favor que Dios nos hace, a nosotros y a toda la humanidad.

Todos los presos de la cárcel le escuchaban con mucha atención. Sus palabras eran tan suaves y significativas que tenían eco en todos los corazones, como si José fuera un profesor, los encarcelados estudiantes y la cárcel una escuela. El Profeta de buena voluntad siguió diciendo:

— ¡Mis amigos presos! ¿Qué es mejor: la adoración de los ídolos hechos de oro, de plata, de piedra o de cualquier metal u obedecer a Dios que ha adornado todo el Universo con miles de bellezas?

Después, el Profeta José interpretó los sueños de los jóvenes. Le dijo al cocinero que sería colgado y al escanciador que sería puesto en libertad y volvería al palacio de nuevo y añadió:

— Cuando te presentes ante el Faraón, háblale de mí. Dile que soy inocente.

Lo que dijo José se hizo realidad. Ejecutaron al cocinero colgándolo y el escanciador fue declarado inocente y regresó al palacio pero Satanás le había hecho olvidar hablar acerca de José con el Faraón. Por lo tanto, José permaneció unos años más en la cárcel. José pasó esos años sugiriendo el bien, rezando, pensando en las razones ocultas del universo y buscando soluciones a los problemas de la humanidad. En esos años José logró una profundidad diferente en el saber y en la obediencia a Dios.

El Faraón se acostó muy tarde, como siempre hacía. Se acostaba y se despertaba tarde. Esa mañana se despertó asustado, aún no había salido el sol y tenía la tez muy pálida. Había tenido un sueño muy raro. En el sueño, siete vacas gordas pacían en las orillas del Nilo. De repente aparecieron siete vacas flacas y se comieron a las otras. Además, aparecían siete espigas verdes y otras tantas secas.

Le intranquilizó mucho el sueño. Necesitaba saber su interpretación. Ordenó a los adivinos, los magos y los dignatarios que interpretaran el sueño. Ellos dijeron:

— Es un amasijo de sueños. ¡No piense demasiado en esas cosas insólitas!

En ese momento, el escanciador que servía vino al Faraón se acordó de José. Él había interpretado su sueño y sabía lo que pasaría después. Cuando habló de José, el Faraón le mandó a la cárcel a hablar con él. El escanciador dijo:

— ¡José, mi veraz amigo! ¡Acláranos el sueño! Quizá así sepan tu valor y pueda volver aquí con una buena noticia

José respondió así:

— Se vivirán siete años de abundancia en los que la tierra ofrecerá todo lo que tenga a la gente de Egipto. Luego, les sucederán siete años de carestía y sequía que agotarán lo que habían almacenado. Seguirán después tiempos de abundancia otra vez en los que la gente será favorecida. Por eso, los egipcios tienen que ser ahorrativos y previsores en los próximos siete años para que no se encuentren en una situación difícil cuando la escasez llegue.

El mensajero del Faraón regresó al palacio y le contó lo que había dicho José. Al oír la interpretación del sueño el Faraón se puso muy contento y dispuso que dejaran a José libre y lo trajeran a palacio. Pero José no quiso salir de la cárcel antes de probar su inocencia. No quería salir de la cárcel, sin la prueba de su inocencia porque era un Profeta que predicaba la palabra de Dios. Que el pueblo le mirara con malos ojos sería un impedimento para llevar a cabo su misión. Saldría de la carcel con la condición de que todo el mundo creyera que era inocente. Dijo:

— Sin la confirmación de mi inocencia, no saldré de la cárcel. Marchate junto a tu señor y pídele que les pregunte a las mujeres que se habían cortado las manos en mi presencia. Mi Señor sabe que soy inocente y no tengo culpa. Sin embargo, quiero que todo el mundo lo sepa como el Faraón.

Entonces, el Faraón investigó el caso y vio que en verdad era inocente. Lo sacó de la cárcel y lo recibió con respeto. Al hablar con él, comprendió que tenía una inteligencia superior y era muy honrado. Tenía las cualidades de un buen visir. Quiso que fuera su visir y por su parte José quiso ser el visir responsable del tesoro y de los asuntos económicos porque después vendrían los siete años de carestía y solamente un Profeta podría administrar como se debía.

Empezó a almacenar víveres para los años de carestía como resultado de su sabiduría y ciencia. Él sabía lo que pasaría porque Dios se lo mostraba.

Los tiempos de abundancia pasaron y empezaron los años de carestía que afectaron tanto a las tierras de los alrededores como a las de Egipto. Los egipcios pidieron víveres al Faraón y él así lo ordenó a José. Entonces, José empezó a vender las provisiones que había almacenado antes. Así, aumentaron las arcas del Reino.

Un Profeta gobernaba el país. El Faraón había creído en la religión de José, la mayoría de los burócratas también. El Profeta José había enseñado cómo tenía que actuar un ser obediente gracias a sus virtudes. Era un hombre muy admirado porque representaba al Islam con sus palabras y actos.

Las tierras palestinas fueron golpeadas por la sequía también. El Profeta Jacob envió a sus hijos a comprar provisiones en Egipto. Cuando llegaron allí, José les reconoció pero no así sus hermanos.

Ellos eran los que lo habían arrojado al fondo de un pozo. El Profeta José les dio muchos suministros. No quiso nada a cambio de las provisiones. José preguntó cuántos hermanos eran. Dijeron que eran doce hermanos, uno de ellos había desaparecido y el otro se había quedado en casa con su padre. Cuando se dio cuenta de que su hermano más querido no estaba con ellos, dijo que tendrían que traerlo con ellos la próxima vez para que pudieran merecer más provisiones.

El Profeta Jacob era muy viejo. La añoranza y la tristeza por su hijo José en su alma habían esculpido arrugas en su rostro. Ningún hombre puede sentir la añoranza, la tristeza y la angustia como un Profeta porque Dios creó a los Profetas como los más sensibles de la humanidad. La caída de una hoja, la ruptura de una rama de un árbol, les hace llorar con amargura. No se puede comparar el sufrimiento de todas las madres del mundo al perder a uno de sus hijos con el de los Profetas cuando uno de sus seres queridos les deja. La pena de toda la humanidad es como una gota del mar ante la de un Profeta. Una mirada llorosa de un niño, una mirada triste de un huérfano es suficiente para que un Profeta se deshaga en lágrimas

El Profeta Jacob les dijo a sus hijos: «¿Cómo puedo fiarme de vosotros, tras la pérdida de José? ¿Cómo puedo dejarle ir con vosotros?»

Sin embargo, parece que la escasez de comida era insoportable. Jacob les dijo que no lo enviaría con ellos si no le prometían ante Dios traérselo sano y salvo. Se comprometieron y Jacob les dejó ir con Benjamín y les pidió que no entrasen por la misma puerta de la ciudad por donde la gente de Egipto suponía que los visitantes agrupados entrarían, ya que algunos eran de mala voluntad.

Regresaron ante José con su hermano pequeño Benjamín. No estaban enterados del plan del Profeta José. Había echado mucho de menos a su hermano y quería que él se quedara con él. Después de cargar las provisiones sobre los camellos, José mando a sus sirvientes que ocultaran un vaso de plata del Faraón dentro de la alforja de su hermano Benjamín. Justo a la hora de salir la caravana, el pregonero público dijo que habían robado el vaso de plata del Faraón y ninguna de las caravanas podría abandonar la ciudad sin ser cacheadas. Cuando la caravana de los hermanos partió, un subordinado de José les dijo:

— ¡Detened esa caravana! ¡Alto ladrones!

Ellos regresaron y dijeron:

— ¿Qué ocurre, de qué nos acusáis?

Uno de los encargados de José dijo:

— Echamos en falta la copa de plata del Faraón. ¡Ofrezco una recompensa de una carga de camello! ¡Yo respondo por ello!

Los hijos de Jacob dijeron:

— Prometemos por Dios que no estamos aquí para delinquir y no somos ladrones, como sabéis muy bien.

— ¿Y si mentís? ¿Cuál será el castigo?

— Tomad como esclavo al dueño de la alforja donde encontréis lo que estáis buscando.

José mandó que cachearan las alforjas de los otros antes de la de Benjamín. Luego, encontraron la copa del Faraón en la carga de Benjamín.

Dios le enseñó a José una treta para que pudiera retener a su hermano Benjamín, pues no podía retener a su hermano según la ley del Faraón, sino como Dios quisiera. Ellos dijeron:

— Si él ha robado, un hermano suyo ya era un ladrón antes.

José se entristeció al oír esas palabras pero lo guardó en secreto y no lo aclaró. Se dijo: «Los que sí estáis perdidos sois vosotros y el castigo que Dios os impondrá será el justo» y les dijo:

— Entonces, vuestro hermano se quedará aquí como mi esclavo.

Entonces, los hermanos dijeron:

— ¡Señor! ¡Pedimos perdón! Él tiene un padre muy viejo. Si no lo ve entre nosotros al regresar, se pondrá muy triste ¡Retennos a uno de nosotros en su lugar!

José dijo:

– ¡No, es imposible! Detendremos al que robó la copa. El culpable será castigado. Castigar a otro sería una crueldad. ¡Qué Dios nos libre de la crueldad!

Regresaron llorando los hermanos de José a su país. Contaron todo lo que había sucedido y dijeron:

— Si no nos crees, pregúntaselo a la caravana junto a la que estábamos.

El Profeta Jacob les dijo que le habían jugado una mala pasada a Benjamín como habían hecho con José. Su tristeza aumentaba cada día. Empezaron los días de pena para Jacob. Los días y las noches no veían más que sus lágrimas. Tanto lloró que un día se quedó ciego. Llamó a sus hijos y les dijo:

— ¡Id a Egipto y encontrad a José y a Benjamín!

Jacob era un Profeta que podía comprender los secretos ocultos de las cosas. Los sucesos ocurridos después del sueño de José no habían sido una casualidad porque no hay coincidencias en el Universo. La sabiduría divina tejía la vida como un encaje. No hay errores en la creación y todas las criaturas tienen un sentido. El Gran Profeta lo había comprendido gracias a la perspicacia profética.

Los hijos del Profeta Jacob llegaron a Egipto y fueron al palacio de José. Le dijeron:

— ¡Señor! Venimos de las tierras de escasez. Nuestros hijos tienen hambre y no tenemos mucho dinero. Confiamos en su generosidad. Además, rogamos que libere a nuestro hermano para llevárselo a su viejo padre.

José se quedó mirándoles fijamente. Luego, les respondió en la lengua de los hermanos:

— ¿Recordáis lo que hace años vuestra envidia y odio le hicieron a José?

Los hermanos se quedaron mirándole sorprendidos y fue en ese momento cuando reconocieron a su hermano José. Temieron mucho su venganza. Olvidaron que era un Profeta y que los Profetas eran los representantes de la misericordia eterna en la tierra. José les perdonó, les dio su camisa para que se la llevaran a su padre y la aplicaran sobre su rostro. Así, su padre podría ver de nuevo. Además, quiso que trajeran a sus padres a Egipto.

Cuando la caravana donde viajaban sus hijos iba hacia Palestina, el Profeta Jacob dijo a los que estaban a su lado: «¡Juro por Dios que percibo el olor de José!»

Ellos se compadecieron. La tristeza le hacía decir cosas imposibles.

Por fin, la caravana llegó a Palestina. Los portadores de buenas nuevas le trajeron la camisa de José y la aplicaron a su rostro. El Profeta Jacob apretó la camisa contra su pecho. La besó y la olió. En verdad que era el olor de José... El olor de José que no había olvidado. Se deshizo en lágrimas. Lo aplicó a su rostro muchas veces y el milagro se hizo realidad. Dios así lo quiso y Jacob volvía a ver. Se prepararon y se pusieron en camino hacia Egipto. Llegaron allí y toda la familia se postró ante José con mucho respeto.

El sueño de su niñez era realidad ahora. El Sol, la Luna y las once estrellas se habían postrado. José se acordó de toda una vida llena de tristeza y pena. Pensó en los beneficios que le había dado Dios y él también se postró ante Dios.

# EL PROFETA MOISÉS

## (La paz y las bendiciones de Dios sean con él)

El Profeta Jacob decidió residir en Egipto. Jacob tiene otro nombre que era Israel; es decir, el obediente de Dios. Por eso, sus hijos fueron llamados los israelitas. Al llegar la hora de exhalar su último suspiro, Jacob llamó a sus hijos y les dijo:

— ¿A quién vais a venerar después de mi?

Estaba a punto de despedirse del mundo. Su alma llegará a Dios dentro de poco. Quizá sólo tenía un poco de tiempo para decir una frase y el Profeta Jacob empleó ese tiempo haciendo esta pregunta a sus hijos. Un Profeta vive por ese ideal y llega a su Señor con ese ideal. Sus hijos le respondieron:

— ¡A tu Señor! ¡Es el Señor de tus padres Abraham, Ismael e Isaac! ¡Él es el Único y obedecemos a Dios!

El Profeta Jacob falleció plácidamente. Su testamento fue que lo enterrasen en tierras de Palestina. Sus hijos le enterraron allí, regresaron a Egipto y prefirieron vivir a la sombra de José porque les agrado mucho la abundancia de Egipto. Se casaron, tuvieron muchos hijos y cada día aumentaron.

Y pasaron muchos años... Los padres, los hijos y los nietos murieron... Les siguieron los nietos de los nietos. La población creció. Se olvidaron las doctrinas del Profeta Jacob. Los que veneraban a Dios eran unos pocos. Entonces, Dios les castigó a través de un Faraón como una plaga asentada en el escalafón más alto de la sociedad. El Faraón les hizo sufrir en demasía. En realidad, no era solamente un castigo para los israelitas sino una prueba para ellos.

Después del Faraón de buena voluntad que apreciaba a José, subió al trono un Faraón que era un soberano tiránico que no conocía a

José ni sus buenos hechos. Mientras la familia real vivía en el lujo, se aprovechaba de los israelitas como esclavos. Les forzaba trabajar mucho y si no aceptaban les mataba. Aseveraba que era un dios. La gente israelita había olvidado su origen. Rompieron la promesa que le habían hecho a Jacob. La mayoría de ellos adoraban a los dioses de los egipcios. Aceptaron la esclavitud y cometían traiciones entre ellos. Se practicaban todo género de delitos para obtener el dinero, el oro y sus beneficios propios.

Un día, los adivinos vinieron ante el Faraón. Le informarían de un presagio importante. Era un presagio horrible para el futuro del país y del soberano. Al oír las palabras de los adivinos el Faraón se sobrecogió. Le invadió la furia. Estaba ciego de ira. Según los adivinos, nacería un hijo de los israelitas y en el futuro destronaría al Faraón.

El Faraón pensó en remediarlo. El número de los israelitas realmente aumentaba día a día. Aunque les hacían trabajar como los esclavos, ninguno de los gobernantes y de los poderosos suponía que uno de los israelitas destronaría su tiranía. El Faraón se levantó y dio una orden horrible: «¡Matad a todos los niños recién nacidos de los israelitas!».

Empezaron días espantosos para las mujeres embarazadas. Dar a luz a un niño era un sueño para todo el mundo pero ahora se convirtió en una pesadilla. Los soldados del soberano mataban a todos los niños recién nacidos ante los ojos de sus madres. Los gritos de los niños y de las madres resonaban en las casas y en las calles. Estaban de luto riguroso en los barrios de los israelitas.

En esos días, nació un niño de una familia creyente israelita. Era el niño que destronaría al Faraón en el futuro: Moisés[13].

Su madre temblaba ante el temor de que mataran a su niño. Le daba el pecho en secreto para que nadie lo viera. Una noche, Dios inspiró a su madre: «Si te preocupas por él, ponlo en el río. ¡No temas por él, no estés triste! Te lo devolveremos y lo honraremos como un Profeta».

Después de la inspiración, la madre se tranquilizó y obedeció a la voz llena de misericordia. Prepararon una canastilla. Le amamantó por

---

13   Es nombrado en el Corán como «Musa».

última vez y lo colocó en la cesta de mimbre. Fue a la orilla del Nilo y lo dejo flotar en el río.

El corazón de la madre de Moisés —los corazones de las madres son los más compasivos de la Tierra—estaba lleno de tristeza. Sin embargo, sabía que la misericordia divina era eterna. Es obvio que Dios quería a Moisés más que su madre. Dios había prescrito que lo pusiera en el río. Dios era el Señor de Moisés y del río también.

Cuando la canastilla de Moisés navegaba en el río, Dios mandó a las olas que fueran tranquilas y compasivas porque ese pequeño niño que llevaban sería un gran Profeta en el futuro.

Dios, el Más Grande, había ordenado al fuego que no quemara al Profeta Abraham, que fuera frío para no dañarle. Y ahora, daba una orden parecida al río Nilo. Llevaría a Moisés en tranquilidad hasta el palacio de Faraón.

El Nilo obedeció totalmente la orden. El agua llevó la cesta bendita con el niño hasta el palacio de Faraón.

Había amanecido. Ese día el Sol mandaba sus rayos al palacio del Faraón como siempre. La esposa del Faraón estaba en el jardín realizando el paseo de la mañana. Asiyah seguía caminando en el jardín sin saber por qué caminaba tan lejos hoy.

La esposa del Faraón era diferente de éste. El Faraón negaba la existencia de Dios pero ella era creyente. El Faraón era despiadado pero su esposa tenía un corazón lleno de piedad. El Faraón era muy cruel pero ella tenía buena voluntad. Sin embargo, tenía arrugas de la tristeza en su rostro. Hasta ese día no pudo tener un hijo. Deseaba mucho tener un hijo al que abrazaría y criaría con compasión.

Al llegar al lugar en el que el jardín y el río se unían, encontró una cesta. Dijo con asombro:

— ¡Qué interesante es la cesta! ¿Qué habrá dentro?

Mandó a sus sirvientes que le trajeran la cesta. Cuando abrieron la cubierta, vio a Moisés con su rostro resplandeciente. ¿Quién podía haberlo puesto en el río? ¿Una madre que tenía miedo del Faraón? Asiyah sintió que su corazón temblaba de misericordia. Le agradó tanto como si fuera su hijo. Luego, abrazó al niño. No pudo aguantar más y lloró. Olió y besó al niño a la vez que mientras se le caían las lágrimas. De repente, Moisés se despertó y él empezó a llorar también. Tenía hambre y necesitaba a una madre que le diera la leche de la mañana. Lloraba sin cesar.

En ese momento, el Faraón estaba esperando a su esposa para desayunar. Sin embargo, ella no venía. Salió a buscarla con enfado y la encontró viniendo hacia él. La miró con asombro porque ella abrazaba y besaba a un niño. Además, lloraba.

El Faraón preguntó sorprendido:

— ¿De dónde ha salido el niño?

Cuando ella dijo que lo encontraron en una cesta en la orilla del río dijo:

— Ha de ser un niño recién nacido de los israelitas. ¿No tenía que estar muerto?

La mujer apretó el niño contra su pecho y dijo:

— No. Quizá sea un motivo de felicidad para nosotros. ¡No le mates! ¡Quizá nos sea útil o le adoptemos como hijo!

El Faraón estaba muy confundido ante la forma de actuar de su esposa con un niño encontrado en la orilla del río. Además, ella lloraba de alegría. Sin embargo, no la había visto nunca llorando de alegría. Al ver que Asiyah lo quiso como si fuera su propio niño, se dijo: «No pudo tener un hijo, eso le hace afligirse y ahora quiere este niño».

Por fin, Faraón aceptó el deseo de su esposa y le permitió criarlo en el palacio. Después de mucho tiempo vio que su esposa se ponía contenta. Antes no la había visto tan alegre. Le había dado regalos, joyas y esclavos pero no había podido ver ni la menor sombra de una sonrisa.

Cuando el pequeño Moisés empezó a llorar de nuevo, la reina recordó que el niño tenía hambre. Dijo a Faraón:

— ¡Mi bebe tiene hambre!

Faraón mandó a los sirvientes:

— ¡Traed a las nodrizas!

Una de las nodrizas del palacio intentó dar de mamar a Moisés pero él no aceptó. El Faraón grito:

— ¡Traed a otra nodriza!

La segunda, la tercera... la décima nodriza llegó pero Moisés no aceptó a ninguna de ellas y lloró sin cesar. Entonces, la Reina se apenó y empezó a llorar también. No sabía qué hacer.

No sólo se entristecía la esposa de Faraón. La madre de Moisés estaba muy triste y se deshacía en lágrimas también. Al dejarlo en el Nilo, dejó su corazón allí también. La cesta había desapareció entre las olas y no había quedado ni rastro de ella.

Cuando las primeras luces de la mañana se posaron sobre la madre de Moisés, sintió un vacío en su corazón. No había podido dormir por la noche. Tenía los ojos inyectados en sangre, estaba loca por la ausencia de su niño. Había pensado ir al palacio del Faraón y decir que era la madre del niño encontrado en la orilla del Nilo aunque fuera el fin doloroso para ella. Sin embargo, Dios hizo que su corazón se mantuviera fuerte. Por fin, se tranquilizó pensando que su niño estaba protegido por Dios. A pesar de todo, dijo a su hija:

— Vete silenciosamente al palacio del Faraón y observa lo que ocurre con Moisés. ¡Ándate con cuidado y procura que no te vean!

La hermana de Moisés fue al palacio sin que nadie se diera cuenta y supo de toda la historia. Vio a Moisés de lejos cuando estaba llorando. Comprendió que Moisés no aceptaba a ninguna de las nodrizas para tomar su leche y ellos se quedaron sin remedio. Tuvo el coraje de acercarse a la Reina y dijo:

— ¿Queréis que os indique una familia que lo amamante y cuide?

La esposa de Faraón dijo con excitación:

— Si puedes encontrarnos una madre de la que acepte su leche materna, te ofreceré una gran recompensa y todos tus deseos se harán realidad.

La hermana de Moisés fue a casa y regresó al palacio con su madre. Cuando la madre de Moisés dio el pecho Moisés lo aceptó y empezó a mamar. La Reina se puso muy alegre. Dijo a la madre de Moisés:

— Llévalo a tu casa. Dale de mamar al niño hasta que termine el período de lactancia y luego devuélvelo junto a nosotros.

Dios hizo regresar a Moisés con su madre y calmó su alma para que ninguna nube enturbiara su felicidad. La madre comprendió una

vez más que la promesa de Dios era cierta y si Dios quiere algo, solamente dice «¡Sé!» y eso se hace realidad, a pesar de todo el mundo.

Cuando terminó el periodo de lactancia, la madre de Moisés lo llevó al palacio de Faraón.

Después de ese día, lo educarían allí. En el palacio se encontraban
los más grandes maestros y científicos de aquel tiempo. Egipto era la
civilización más avanzada del Mundo en aquella época y el Faraón era
el soberano más poderoso de la Tierra. Por eso, se encontaban los científicos más renombrados, los más hábiles artistas y sabios profesores en
el palacio. La sabiduría divina quiso que Moisés recibiera la educación
más elevada de su tiempo de los más selectos sabios y no sólo esto sino que estos hechos tuvieron lugar en la corte del Faraón, uno de sus
mayores enemigos.

Moisés creció en el palacio del Faraón. Allí recibió lecciones de las
ciencias, las matemáticas, la física, la química, la astronomía y la bio-
logía. Moisés escuchaba todas las clases con mucha atención pero par-
ticularmente en la clase de religión dormía. No quería escuchar las va-
nas palabras del profesor sobre la deidad del Faraón. A veces, lo escuchaba a escondidas pero se burlaba de él. Moisés vivió en el mismo palacio por eso sabía bien que Faraón era sólo un hombre, un hombre
muy cruel.

Además, Moisés sabía que no era un hijo del Faraón. Pertenecía al
pueblo de los israelitas mientras que el Faraón era un copto. Sabía que
los coptos hacían sufrir a los israelitas.

Un día, Moisés caminaba solo por las calles de la ciudad. En una
calle solitaria, vio que un copto golpeaba a un israelita. El hombre al
que pegaban se refugiaba en el suelo y pedía ayuda de los que pasaban
por allí. Moisés fue allí enseguida y quiso terminar la pelea. El copto
era corpulento mientras que el otro individuo era débil. Moisés le dio
un puñetazo al copto y desafortunadamente lo mató.

Moisés era un joven muy fuerte. Un puñetazo suyo fue suficiente
para matarle. La verdad es que no quiso matarle, al ver el cadáver en
el suelo dijo:

— No cabe ninguna duda de que es una obra de Satán. ¡Es obvio que es un enemigo embaucador!

Abrió sus manos y rogó:

— ¡Señor Mío! ¡Eres el Indulgente, el Misericordioso! ¡He cometido un acto injusto! ¡Perdóname!

Dios perdonó a Moisés porque Él es el Único Dueño del mar de la misericordia.

Moisés tenía mucho miedo. Andaba asustado por las calles. Nadie sabía que Moisés había matado al hombre.

A la mañana siguiente, cuando caminaba temeroso y cauto por las calles, se encontró al hombre al que había ayudado la víspera peleando otra vez con otro copto. El hombre le pidió ayuda a Moisés. Esperaba que le ayudara, ero era obvio que era muy camorrista.

Moisés se enfadó con él. A pesar de todo, Moisés intentó separarles pero el hombre que había ayudado la víspera supuso que le haría daño:

— ¿Quieres matarme como mataste al otro ayer?

Moisés lo dejó libre y se fue. El copto pertenecía a la familia de los faraones. Fue al palacio y dijo que Moisés mató al hombre encontrado muerto ayer. El Faraón mandó que detuvieran a Moisés y le mataran. Moisés estaba escondido en un lugar que nadie conocía en los arrabales de la ciudad. Había un hombre de la familia de los faraones que quería a Moisés. Él le daba noticias del palacio. Un día, vino corriendo a los suburbios de la ciudad. Le dijo a Moisés:

– ¡Los dignatarios se reunieron para ejecutarte! ¡Sal de las tierras de Egipto! ¡Te aconsejo el bien!

Moisés se puso en marcha sigilosamente y salió de Egipto. En el camino rogaba a Dios continuamente,«¡Señor Mío! ¡Sálvame de las crueldades de los impíos!».

Al salir de Egipto, Moisés no pudo cambiarse de ropa ni tomar comida consigo, se puso en camino sin preparar nada para un viaje. Además, no tenía un caballo y no había una caravana que viajara al desierto. El camino era muy largo y el desierto era despiadado.

Un hombre andaba solo a campo abierto. Las calientes arenas del desierto quemaban sus pies y ardía de calor. Iba hacia la ciudad de Madián. Tenía hambre y sed pero era fuerte y paciente. Confiaba en Dios.

Quizá ando un mes, tres meses o seis. ¡Quién sabe! Por fin, apareció la ciudad de Madián.

Se sentó en la sombra, al lado de un pozo en el que la gente daba agua a sus rebaños, para descansar un rato. Durante el camino, no había comido nada más que las hojas de los árboles y había tomado el agua de los pozos en el desierto. Había andado sin cesar para que los soldados de Faraón no le detuvieran. Al llegar a Madián se tranquilizó y se sentó bajo la sombra de un árbol. Allí podría descansar y quitarse un poco las preocupaciones de la cabeza.

Tenía hambre y estaba muy cansado. Se le habían roto las sandalias por la arena, las piedras y las espinas y no tenía dinero para comprarse un nuevo calzado ni para comer.

Moisés recordó que tenía sed cuando vio a los pastores que se reunieron alrededor del pozo para abrevar a sus rebaños. Se dijo:

— Como no tengo dinero para comer, tengo que tomar este agua hasta saciarme.

Caminó en dirección al agua. De repente, vio dos chicas que intentaban separar su rebaño de los otros rebaños.

Con una inspiración en el corazón, comprendió que las chicas necesitaban ayuda. Se les acercó con decencia olvidando la sed y les preguntó si necesitaban ayuda. La mayor dijo:

— Esperamos a que los otros pastores terminen.

Moisés les preguntó:

— ¿Por qué no os acercáis al pozo y dais de beber a vuestro rebaño?

La menor de las chicas dijo:

— No podemos abrevar el rebaño mientras estos pastores no se lleven los suyos.

Moisés se sorprendió mucho al ver dos chicas pastoras. Para ser pastor, ser un hombre era una condición muy importante ya que es un trabajo muy duro. La chica pequeña entendió que Moisés se sorprendió y dijo:

— Tenemos padre pero él es muy viejo. Cada día no puede venir con nosotras por eso estamos solas.

Moisés le dijo:

— Hoy haré lo que tenéis que hacer. Abrevaré los rebaños.

Cuando Moisés se acercó al pozo, vio que los pastores cerraron el pozo con una roca grande. Solamente diez hombres fuertes podían moverlo. Moisés era un hombre muy fuerte, levantó la roca de una vez y la dejó a un lado. Abrió el pozo de nuevo. Después de abrevar los rebaños, levantó la roca, la colocó a la entrada del pozo y se sentó de nuevo en la sombra del árbol.

En ese momento recordó su sed. Además, tenía tanta hambre que no podía soportar más. Se refugió en el Único Dueño de todas las criaturas y el Protector de los desamparados, abrió las manos y rezó:

— ¡Señor Mío! ¡Ayúdame! ¡Me hace mucha falta cualquier bien que quieras hacerme!

Cuando las dos chicas regresaron junto a su padre, él les preguntó:

— ¿Por qué habéis regresado temprano?

La chica mayor respondió:

— Hoy Dios nos ha concedido un favor. Nos hemos encontrado a un hombre. Él nos ha ayudado abrevando los rebaños antes de todos.

El padre dijo:

— ¡Gracias a Dios!

La chica pequeña señaló:

— Padre mío, supongo que el hombre es un viajero y viene de lejos. Tenía hambre. Parecía muy fuerte pero estaba pálido.

Entonces su padre dijo:

— Vete y dile que mi padre te llama para retribuirle por habernos ayudado con el rebaño.

La chica corrió al lugar en el que estaba Moisés. El corazón le daba saltos de la emoción.

Moisés le sonrió y se levantó cuando la chica transmitió el mensaje de su padre. Él no había abrevado los rebaños para que le ofrecieran una recompensa, sino por Dios. Sin embargo, intuía que la Voluntad Divina le conducía. No se opuso, se levantó y se puso en camino hacia la casa tras la chica.

De repente, sopló un viento que levantó un poco la falda de la chica. Moisés giró la cabeza hacia otro lado, se puso colorado de vergüenza y dijo a la chica:

— Permíteme ir delante de ti y tú me guías.

Por fin, llegaron a la casa del hombre viejo. Cuando se encontraron los dos hombres, los ojos de Suayb le brillaron. Vio un brillo misterioso en los ojos del joven. Suayb le preguntó:

— ¡Bienvenido seas! ¿Cómo te llamas?

— Moisés.

Suayb le sonrió e hizo una reverencia con la cabeza. Dijo:

— ¡Has honrado a mi casa!

Suayb le ofreció comida, preguntó de dónde venía y a dónde iba. Moisés le contó toda la historia. Suayb le dijo:

— ¡No temas! Aquí estás a salvo del Faraón y de sus soldados. Estas tierras no pertenecen al Faraón. Además, es imposible que te encuentren aquí. ¡Tranquilízate!

Moisés se tranquilizó. Le agradó mucho al hombre que le dio comida. Hablaba con sabiduría, le trataba de manera íntima y tenía la luz de la obediencia a Dios en su cara. Cuando Moisés pidió permiso para salir, la chica pequeña dijo a su padre:

— ¡Padre mío! Buscabas a un hombre para que haga las tareas. Dale empleo a Moisés. No podrás emplear a nadie mejor que este hombre. Es muy fuerte y de confianza.

— ¿Cómo sabes que es fuerte?

— Levantó una roca que diez hombres no podrían levantar.

— ¿Y como sabes que es de confianza?

— No quiso andar detrás de mí. Caminó delante para no verme por detrás. Además, cuando hablo con él, se pone colorado de vergüenza, me responde sin levantar los ojos.

Suayb dijo a Moisés:

— ¡Moisés! Te hago una oferta. A condición de que trabajes para mí y cuides mis rebaños durante ocho años, te casarás con una de mis hijas. Si lo prolongas hasta diez, eso será de tu generosidad. No quiero co-accionarte queriendo más. Si lo aceptas, verás que soy de los piadosos.

Moisés sonrió. Eso podía ser una oferta de Dios. Lo aceptó sin va-cilar y dijo:

— ¡Trato hecho! Soy libre de irme después de trabajar ocho o diez años para ti y Dios ve lo que hagamos.

Moisés se casó con la chica menor. Fue el pastor de los rebaños de Suayb. Cada día, tomaba las ovejas y miraba al amanecer fascinante y regresaba al anochecer.

Ese periodo de diez años fue muy importante en la vida de Moisés. Para Moisés, pasaron los años pensando en Dios, la misericordia de Dios, Sus beneficios, Su Grandeza y Su Generosidad. Aprendía las lecciones de Suayb sobre la sabiduría. Dios había enviado a Moisés con Suayb por un motivo oculto. Suayb era un Profeta también. Un Profeta daba lec-ciones al otro. El Profeta Suayb le dio a Moisés el conocimiento divino y Él fue un obediente con todo su corazón.

Por fin, llegó la hora de marcharse. Moisés dijo a su esposa:

— Mañana regresamos a Egipto.

De verdad que él no podía comprender el secreto de su deseo de regresar a Egipto. Sabía tan sólo una cosa: tenía que ir a Egipto.

Hacía diez años que había abandonado precipitadamente Egipto y logró salvar su vida. ¿Por qué regresaba ahora? ¿La añoranza que sen-tía por su familia era la única causa? ¿O quería ver a la esposa de Faraón, Asiyah que le había criado a Moisés como si fuera su madre?

Nadie sabía el secreto del deseo de Moisés de volver a Egipto. Lo que sabían es que él decidió regresar a Egipto y se puso en camino. La verdad es que la sabiduría divina le mandaba allí para que hiciera una tarea muy importante y difícil.

Moisés estaba en camino hacia Egipto. Era invierno y hacía mucho frío. Una noche, el cielo estaba cubierto de nubes oscuras y la Luna se escondió detrás de las nubes. Los relampagos se sucedían sin cesar y llo-vía a cántaros. En las tinieblas de la noche, no se veía el camino. Tenían muchísimo frío. Moisés se perdió con su familia en el desierto del Sinaí. Tras la lluvia, se desencadenó la tormenta de arena.

Ir en contra del viento era muy difícil por lo que Moisés cogió dos pedernales del suelo e intentó hacer fuego golpeándolos. Si pudiera hacer fuego podrían calentarse y encontrarían el camino. Pero era imposible porque soplaba un viento helado y apagaba las chispas que salían de los pedernales.

Moisés no sabía qué hacer. Sus hijos y su esposa temblaban del frío ante sus ojos. Levantó la cabeza y miró hacia el horizonte. Buscaba algo; una esperanza, una luz. Buscaba la ayuda de la Misericordia Eterna que acude a socorrer a los que la necesitan.

Vio un fuego a lo lejos. Se levantó de alegría y dijo a su familia:

— ¡Vi un fuego allá!—y se puso en camino hacia el fuego. Dijo a su familia que no se fueran hasta que él regresara. Al llegar, preguntaría a los dueños del fuego en dónde se encontraban, cuál era el camino hacia Egipto y llevaría el fuego a su familia para que se calentara.

Su familia miró hacia la dirección que Moisés enseñó pero no pudieron ver fuego ni humo. A pesar de eso, obedecieron la orden de Moisés y esperaron allí.

Moisés empezó a correr para calentarse el cuerpo. Recordó los años pasados, mientras abandonaba Egipto, había pasado por el desierto del Sinaí. En esos tiempos, el desierto y el cielo le quemaban y ahora hacía frío. Llevaba su bastón en la mano izquierda. Estaba calado hasta las huesos. Caminava hacia el fuego que había visto a lo lejos. Al acercarse a la luz, ésta era más intensa. Caminaba hasta el valle de Tuwa.

El valle era un lugar muy extraño. Allí, no hacía frío, no llovía ni había tormentas de arena. Además, había un silencio sepulcral. Cuando Moisés llegó a la fuente de la luz, oyó una voz que hacía eco en los alrededores:

— ¡Bendito sea el lugar del fuego y quien está en torno a él! ¡Gloria a Dios, Señor del Universo! ¡Él es el Magnífico!

Moisés se quedó petrificado al oír la voz. Todo su cuerpo estaba temblando. La voz producía un eco en los alrededores. Miró al fuego otra vez y se asustó más. Había un árbol verde en el fuego. Al inflamarse el fuego, las hojas del árbol se volvían más verdes. Tendría que arder y convertirse en ceniza pero ese árbol era diferente.

Moisés estaba temblando a pesar del calor y de sudar copiosamente. El árbol estaba en la parte oeste del monte. Una luz muy fuerte luminaba todos los alrededores. Deslumbraba los ojos; entonces, Moisés no pudo aguantar más y se tapó la cara con las manos. Se dijo: «¿Es una luz o un fuego que rodea los alrededores?»

De repente, el suelo empezó a temblar horriblemente porque hablaba Dios el Creador del universo:

— *¡Moisés!*

Moisés levantó los ojos y sólo dijo:

— ¡Sí!

— *¡Yo soy tu Señor!*

— ¡Sí, eres mi Señor!

— *¡Descálzate y quítate las sandalias! ¡Estás en el valle sagrado de Tuwa!*

Moisés se postró con mucho respeto y se quitó las sandalias. Dios le dijo así:

— *Ya eres Mí Mensajero. Entonces, escucha pues la revelación con atención. Yo soy Dios. No hay más dios que Yo. Por tanto, venérame únicamente a Mí. Llegará la hora de la Resurrección. Pero eso es algo que sólo Yo conozco. Os lo digo para que cada hombre sepa que será castigado por sus acciones erróneas. Los que no creen en la Resurrección que no te disuadan de predicar la palabra de Dios. Quizá serás de los castigados.*

Mientras escuchaba la revelación, el cuerpo de Moisés estaba temblando. Dios el Misericordioso le preguntó:

— *¿Qué es eso que tienes en la mano?*

Moisés tenía la voz tomada. El que estaba hablando con Él era Dios y Dios sabía bien que lo que estaba en la mano de Moisés era un bastón porque Él es el Omnisciente, sabe todas las cosas verdaderas y posibles. Entonces, ¿por qué preguntaba esto? Es cierto que había una razón oculta. Moisés dijo con una voz temblorosa:

— Es mi bastón. Me apoyo en mi bastón, sacudo hojas de los árboles para las ovejas e incluso lo empleo para más tareas.

— *Déjalo en el suelo.*

Al dejarlo en el suelo estaba confundido y sorprendido porque el bastón se convirtió en una serpiente enroscada sobre si misma. El corazón le latía aceleradamente y temblaba. No pudo aguantar más e intentó huir. En ese momento Dios le dijo así:

— *¡Moisés! ¡No temas! ¡Los Profetas no tienen miedo! ¡Acércate y tranquilízate! ¡Estás a salvo ante Mí!*

Moisés se paró, volvió y miró atrás. El bastón seguía moviéndose. Dios dijo a Moisés:

— *¡Cógelo! ¡No temas! ¡Lo transformaré otra vez!*

Los dedos de Moisés estaban temblando cuando alargó la mano para coger la serpiente. Al tocarlo, se transformó en un bastón en seguida. Dios le ordenó así:

— *¡Introduce la mano en la escotadura de tu túnica! Verás otro milagro más. La verás lisa y brillante...*

Moisés metió la mano en la abertura de su túnica y al sacarla vio que brillaba como la Luna llena en la oscuridad. Ante tales hechos, el corazón le daba saltos de emoción. Hizo como mandó Dios. Al poner la mano sobre el corazón, perdió el miedo y se tranquilizó.

Cuando Moisés se tranquilizó y volvió en sí, Dios le mandó que fuera a Egipto y llamara a la gente a creer en Dios. Sin embargo, al hacerlo, tendría que ser muy tolerante sin enfadarse con ellos. Además, sacaría a los israelitas de Egipto. Para probar que era un Profeta enviado por Dios, mostraría al Faraón esos dos milagros antes descritos.

Moisés se sobresaltó un momento al oír el nombre del Faraón. Moisés había matado a uno de sus parientes que ocupaba un cargo de mucha responsabilidad. Buscaban a Moisés para ejecutarle. Moisés suplicó a Dios que encargara a su hermano Aarón para que le ayudase. Dios aceptó la súplica de Moisés, le dijo que estaba siempre con ellos y era el Omnisciente. Dios se le reveló también a Aarón, que estaba en Egipto en ese momento y lo nombró un Profeta también. Se enfrentarían con el gran soberano de su tiempo, algo que no era fácil. Dios hizo que la tranquilidad se asentara en sus almas. El Faraón no podría hacerles daño a pesar de sus crueldades porque el Único Soberano era Dios.

Moisés lo escuchó con mucha atención. Luego, abrió las manos y rezó con toda su alma «¡Señor Mío! ¡Infúndeme ánimo! ¡Facilítame la tarea! ¡Desata el nudo de mi lengua!»

El Profeta Moisés regresó con su familia. Ya era un Profeta. Era un miembro de la caravana de la Luz Divina, como sus padres Abraham, Noé, Ismael, Jacob y el resto de Profetas.

Habían transcurrido muchos años pero no había cambiado nada. ¿Como podía haber cambiado? Las falsedades permanecían y no había nadie que las curara. Cuando los israelitas oyeron que el Profeta Moisés había regresado a Egipto, lo recibieron como un salvador. Moisés no era como ellos. Ellos querían este mundo más que el otro. El número de israelitas era de aproximadamente seiscientas mil personas pero no habían hecho nada en contra de las crueldades del Faraón. Habían preferido vivir vilmente a morir valientemente. Moisés era un honrado Mensajero de Dios. No obedecía a nadie sino a Dios. No temía a nadie aún en el caso de que le atacara todo el mundo.

Los Profetas Moisés y Aarón fueron al palacio del Faraón. Dios les había encargado que llamaran al Faraón al recto camino con la sabiduría y haciendo sugerencias. El Faraón se sorprendió cuando vio a Moisés. Podía matarlo enseguida pero pensó que podía vencerlo con intrigas políticas. Le preguntó a Moisés:

— ¿Qué quieres Moisés?

— Somos Mensajeros de tu Señor. ¡Deja de atormentar a los ciudadanos israelitas! Déjanos llevarlos a la Tierra Prometida que era su antiguo país.

— ¿No eres aquel Moisés que habíamos criado en nuestro palacio?

El Faraón esperaba que lo agradeciera. Pero Moisés era muy perspicaz porque era un Profeta y dijo:

— Si no hubieras sido cruel y no los hubieras atemorizado ni matado a sus hijos, yo me habría criado con mi familia. Tuve que ocultar mi relación familiar. Vivir en tu palacio no era un beneficio sino una pena.

El Faraón se tragó sus palabras pero seguía imperturbable. Quería desprestigiar a Moisés ante los ojos de todo el mundo. Dijo así:

— Incluso, mataste a un hombre y huiste de Egipto, ¿acaso lo olvidaste?

Moisés era valiente. Hablaba con voz clara y no estaba temblando. Sus palabras eran muy eficaces, claras y llenas de sabiduría. Le dijo:

— En ese momento, era joven y además, inocente. Me matarías antes de probar mi inocencia en este país lleno de opresión. Entonces, tuve que dejar mi querida patria e irme al extranjero. Luego, Mi Señor me dio ciencia, sabiduría y me hizo Su Profeta. Yo soy el Mensajero del Señor del Universo.

— ¿Quién es el Señor del Universo?

— Él es el Señor de todos los de la Tierra y de los cielos. ¿Cómo puedes negar creer en Él siendo así que todo es una prueba de su existencia?

El Faraón miró a su alrededor y dijo:

— ¿Habéis oído lo que ha dicho?

El Profeta Moisés seguía hablando:

— Es vuestro Señor y el de vuestros padres.

El Faraón, burlándose, dijo a su alrededor:

— Vuestro Profeta está loco. Un loco es asunto vuestro.

El Profeta Moisés siguió hablando en serio:

— Él es el Señor del Oriente, del Occidente, de lo que está entre ambos y de todo lo que nos rodea. Si podéis usar la razón, entenderéis.

El Faraón pensaba que podía vencerlo insultándole pero las palabras perfectas cuales perlas de Moisés probaban que él era la persona más inteligente del mundo. Entonces, el Faraón habló de la pobreza de Moisés:

— ¡Mirad la pobreza de este hombre que quiere que obedezca a su Señor! ¿Cómo puedes tener el coraje de venerar a otro dios? ¿Hay otro dios más que yo en el Universo?

El Profeta Moisés se le sonrió y dijo:

— Quizás si te muestro un milagro...

— Si lo dices de veras, muéstrame entonces dicho milagro que lo veamos...

Moisés tiró su bastón en el salón grande del palacio y el milagro se hizo real. El Faraón abrió los ojos como platos con asombro. El bastón del Profeta Moisés se convirtió en una serpiente enorme enrollándose sobre si misma. El Faraón se quedó estupefacto al ver la serpiente.

En ese momento, Moisés metió la mano en la escotadura de su vestido y la sacó. Era blanca y brillaba tanto como un Sol, siendo así que las luces de las lámparas y de las velas del palacio palidecieron. El Faraón se puso amarillo. Había un silencio sepulcral en el palacio. La multitud en el salón se conmovió y se quedó muda de asombro con los milagros del Profeta Moisés.

Ante los ojos de todo el mundo, Moisés alargó la mano para coger la serpiente. Al tocarla, se transformó en un bastón. Cuando metió la mano brillante en la abertura de su traje, la mano tornó a la normalidad. El Profeta Moisés se volvió atrás y salió del palacio ante las miradas llenas de asombro. El Faraón se quedó helado... Temblaba temeroso.

La noticia fue divulgada rápidamente por todo Egipto. Todo el mundo hablaba de Moisés y Aarón. La gente contaba la historia de la visita de Moisés y Aarón al palacio del Faraón para que creyera en Dios y la negación, la grosería y la idiotez del Faraón así como los milagros. Todo el mundo hablaba del bastón de Moisés que se convirtió en una serpiente enorme y el brillo de la mano como un Sol. El Faraón se quedó asombrado y no pudo decir nada. Dos Profetas vencieron al soberano más grande de esa época.

La noticia se extendió por todas las ciudades de Egipto. La gente se contaba lo sucedido los unos a los otros. El Faraón estaba a punto de perder el control del orden público y su prestigio. Sin embargo, era como un dios para su pueblo. Sin perder tiempo, el Faraón se reunió con sus burócratas y mandó que remediaran la situación.

La lucha de Moisés había empezado cuando se enfrentaron en el palacio. Moisés sabía que no creería fácilmente porque él aseveraba que era un dios y los egipcios le adoraban. Era muy duro, despiadado y grosero. Explotaba a su gente. Hasta ese día todo iba bien como él quería pero sin embargo, Moisés vino y quería destronarle. Hacía muchos años que los adivinos habían informado al Faraón acerca de ese hombre.

Esencialmente, Moisés decía que existía el Creador del universo y que era Dios. Él era el Único y no había más dios que Él. Es decir, el Faraón era un mentiroso porque decía a todo el mundo que él era el dios más grande. El Faraón se reunió con los dignatarios del Imperio y preguntó a su visir Hamán:

— Dime Haman, ¿soy un mentiroso?

Hamán se postró ante el Faraón como un gran hipócrita y le respondió:

— ¡Señor mío! ¿Quién lo dice?

— Moisés. Dice que hay otro dios.

— ¡Moisés es mentiroso, señor mío!

— Seguro que es un mentiroso. Sin embargo, quiero que construyas una torre para subir al cielo. Quizá pueda ver si existe el dios de Moisés o no. La verdad es que no hay ni sombra de duda sobre la falsedad de Moisés.

Hamán sabía bien cómo construir una torre que alcanzara hasta las profundidades del espacio. Sin embargo, era un hipócrita profesional. Le dijo al Faraón:

— No se puede ver nada ni siquiera que alcance al cielo porque no hay más dios que tú en el Universo.

El Faraón dijo los visires, a los adivinos y a los comandantes en la reunión:

— ¡No conozco a otro dios que yo para vosotros!

Ellos aceptaron que el Faraón era un dios y se postraron ante él. Entre ellos había algunos inteligentes. Sabían bien que el Faraón era un mentiroso y a pesar de ello, se callaron. Sin embargo, la gente de Egipto pagó caro su silencio. Los soldados lo pagaron con creces muriendo por la hipocresía de los comandantes, los adivinos y los visires.

El Faraón dijo a sus consejeros:

— ¿Qué pensáis de Moisés?

Los consejeros se callaron de temor y por hipocresía. El Faraón hablaría y ellos repetirían como los loros y de este modo dijo:

— No tengo ninguna duda de que Moisés es un mago sabio. Quiere haceros abandonar vuestras tierras haciendo magia. ¿Qué pensáis acerca de esto?

Los consejeros ya sabían lo que tenían que decir: «Nuestro altísimo Señor dice la verdad, Moisés es un mago. Resolveremos el problema, mandaremos mensajeros a todas las partes del país y convocaremos a los mejores magos del país. Los magos se enfrentarán con Moisés, probarán que es sólo un mago mentiroso y lo vencerán. Así, todo el mundo verá que es un mentiroso».

La decisión de la reunión histórica fue ésta. Diez hombres montaron sus caballos y salieron del palacio con el fin de llamar a los magos. Al día siguiente, esos gritos se repetían en las calles de Egipto:

— ¡Nuestro Señor el Faraón llama a todos los magos maestros del país para hablar de un asunto muy importante!

Entretanto, el Faraón llamó a Moisés al palacio e intentó asustarle amenazándole pero no pudo porque Moisés no temía a nadie más que Dios. El Faraón no podía matar a Moisés, si lo mataba todo el mundo pensaría que el Faraón intentaba ocultar su derrota y se desprestigiaría como un dios ante los egipcios. Además, no quería que Moisés se convirtiera en una leyenda. Sin embargo, podía atormentar a alguien. Era la Reina Asiyah, la madre adoptiva de Moisés. Al oír que Moisés era un Profeta, Asiyah aceptó su doctrina y defendió a Moisés contra el Faraón. Sin embargo, el Faraón no pudo aguantar tal situación, envió a la cárcel a su mujer y la hizo sufrir. Un día Asiyah suplicó a Dios:

— ¡Señor Mío! ¡Proporcióname un hogar en el paraíso! ¡Protégeme de las maldades del Faraón y su nación!

Dios aceptó el deseo de Asiyah y se la llevo, pasando a la mejor vida.

Un día Nuestro Profeta Muhammad (Dios le bendiga y le de salvación) estaba hablando con los sahabíes. Cuando hablaban de Asiyah el Profeta Muhammad dijo: «Las Mujeres más Santas del mundo son cuatro: La primera es María, la segunda Jadiya, la tercera Fátima y la cuarta es Asiyah».

Empezaba la lucha del bien y del mal de nuevo. El Faraón dijo a Moisés:

— ¡Moisés! Eres un mago. No eres un Profeta. Te voy a avergonzar ante los ojos de todo el mundo y te declararé mentiroso. Dentro de unos días vendrán magos y hechiceros del país y competirás con ellos.

El Profeta Moisés le preguntó:

— ¿Cuándo nos enfrentaremos?

— El día de fiesta, el día de celebración de la llegada de la prima-vera en el que corren por todas partes los frescos vientos que portan agradables olores y se adorna la tierra con miles de bellezas florales.

— De acuerdo

— ¿A qué hora?

— Si Dios quiere vendré por la mañana. Además, quiero que ven-gan todos los egipcios para contemplar la pugna.

El Faraón así lo quería también. Moisés se fue contento con lo su-cedido. El día de festival era una buena oportunidad para que la luz venciera a la oscuridad.

Los magos vinieron desde todos los rincones de Egipto al palacio del Faraón. Éste mandó que trajeran ante él a todos los magos. Al salir ante el Faraón, los magos se postraron. Después de mandarles que se levantasen, empezó a andar de manera vanidosa entre ellos. De repente, se paró y les dijo:

— Tenemos un problema y he llamado para que lo resolvierais.

Los magos inclinaron las cabezas y siguieron escuchándole:

— Hay un hombre que asevera que es un profeta. Se llama Moisés. Trabaja con su hermano Aarón. En una palabra, es un mago, un mago sabio. Quiero que probéis que sois superiores a él. Quiero que lo venzáis. Quiero que lo pongáis en ridículo de modo que no le quede honor al-guno para mostrarse ante la gente.

Los magos siguieron escuchándole con las cabezas inclinadas:

— ¿Por qué ninguno de vosotros me pregunta qué tipo de magias hace él?

Uno de ellos le dijo con la voz baja y temblorosa:

— Esperamos que Nuestro Señor nos cuente y no queremos inte-rrumpir cuando está hablando.

El Faraón gritó con enfado:

— Cuando tira su bastón al suelo, se convierte en una serpiente enorme. Su mano es como un Sol al sacarla después de meter la mano en la escotadura de su túnica.

Los ojos de los magos brillaron insidiosamente. Uno de ellos se adelantó y dijo:

— Queremos que se tranquilice Nuestro Señor. Es una magia muy antigua. La verdad es que el bastón no se convierte en una serpiente pero aunque en realidad no se mueve el bastón, a la gente le parece que si.

El Faraón gritó:

— No discuto los detalles de la magia. Sólo quiero que venzáis a Moisés. La competición es el día del festival primaveral. Todos los egipcios vendrán a ver cómo lo vencéis. ¡Tenéis que derrotarlo!

Después de terminar sus palabras, esperó a que los magos salieran del salón pero no lo hicieron así. Uno de ellos dijo:

— Nuestro Señor no ha hablado del asunto más importante.

— ¿Cuál es ese asunto?

— El premio que nos dará Nuestro Señor, si vencemos a Moisés.

El Faraón dijo sonriéndo para sí:

— Quedaré muy contento. No os separaré del palacio. Se prepararán habitaciones para vosotros en el palacio. No os preocupéis por el premio, será de vuestro agrado.

El Faraón se complació al ver que los magos tenían mucha confianza en sí mismos. Después de mandarles salir del salón fue al comedor ya que le entro hambre. Comía a dos carrillos y al tragar una parte de carne grasosa, dijo:

— La llegada de Moisés me había quitado el apetito. Pronto, solucionaré su caso.

Y llegó el día de festival.

Los egipcios hablaban tan solo de la competición entre Moisés y el Faraón. Desde primeras horas de la mañana, la gente se aglomeraba en el centro de la ciudad para contemplar la pugna. No había nadie que no hubiera oído acerca de la competición.

Cuando los magos vinieron a la plaza, la gente les aplaudió. Al llegar el Faraón, la gente hizo lo mismo. Sin embargo, cuando los Profetas Moisés y Aarón vinieron, se hizo un silencio sepulcral.

El lugar era muy amplio. No había ninguna sombra para que se protegiera la gente del Sol. El Faraón estaba sentando en la sombra fresca de una tienda pequeña, llevaba un traje adornado con oro y diamantes y le rodeaban sus comandantes y los soldados armados de gran corpulencia.

El Profeta Moisés estaba sentado en un rincón y rezaba sinceramente. De repente se callaron todos. Los magos se acercaron a Moisés y le preguntaron:

— ¿Quién comenzará primero, arrojando lo que tiene en la mano?

— ¡Vosotros!

Cuando los magos tiraron los palos y las cuerdas que llevaban en la mano, aparecieron muchas serpientes en la plaza. Todos se movían y enrollaban. La verdad es que era sólo una ilusión óptica, un truco hábil. Al ver las serpientes la gente se asustó mucho. Luego, los espectadores aplaudieron entusiasmados a los magos.

El Faraón estaba muy contento al ver los sucesos y sonreía a hurtadillas. Se dijo «Ya está próximo el fin de Moisés. Su milagro era el bastón convertido en una serpiente. ¡He aquí el poder del Faraón! ¡Muchísimos palos convertidos en serpientes!

Cuando Moisés vio las serpientes de los magos, un escalofrío le recorrió el corazón. Estaba de mal humor, como si hubieran apagado la luz de una habitación iluminada por unos segundos, como un relámpago.

Moisés sintió algo así en el corazón. Sin embargo, nadie puede saber completamente lo que había pensado Moisés cuando estaba ante la gran multitud, el Faraón y los soldados que le rodeaban. Era, sin duda, una situación muy difícil. Sin embargo, pronto se encendió la luz en el corazón de Moisés. Dios le inspiró así:

— *¡No temas! Eres el superior. Cuando tiras el bastón al suelo, tragará sus serpientes porque lo suyo es magia, no es un hecho real. Es una ilusión óptica. Lo que tú posees es la verdad. La magia nunca puede vencer la verdad.*

La Revelación lo tranquilizó. Ya no temblaban sus manos.

Levantó su bastón y lo tiró al centro de la plaza...

Cuando el bastón cayó al suelo el milagro magnífico se hizo real. La gente de la plaza, el Faraón y sus soldados vieron un panorama que nunca habían visto. La magia es una ilusión óptica; la gente cree que las cosas se están moviendo pero no es cierto. Los palos de los magos no se movían pero la gente creía que se estaban moviendo.

Sin embargo, el suceso en la plaza era increíble y horrible.

Al caer al suelo, el bastón de Moisés se convirtió en una serpiente enorme. La serpiente atacó a las cuerdas y los palos de los magos y empezó a tragarlos. Después de unos minutos la plaza estaba vacía. Las cuerdas y los palos de los magos desaparecieron.

Después de finalizar todo, la serpiente fue hacia Moisés. Moisés la tocó y la serpiente se convirtió en un bastón de nuevo.

Los magos comprendieron que aquel hombre con el cual competían no era un mago como ellos porque se suponía que ellos eran los maestros de la magia. Eran los más diestros magos de su tiempo. Sabían bien cuál era la magia y cuál el verdadero poder. La de Moisés no podía ser una magia. Sólo podía ser un milagro divino. Ante los ojos de todos, los magos se postraron y dijeron:

— Hemos creído en Dios que creó todo de la nada.

La muchedumbre fue testigo de que los magos mostraron su obediencia a Dios. El Faraón comprendió que perdía el control, se levantó y gritó a los magos:

— ¿Cómo podéis creer a Moisés antes de que yo os lo permita?

Los magos le respondieron:

— ¡No necesitamos que alguien nos permita obedecer a Dios!

El Faraón estaba tan indignado que echaba fuego por los ojos y temblaba su voz. Dijo:

— ¡Es una conspiración! ¡Estáis confabulados contra mí! Veo que Moisés es vuestro líder, él os enseñó la magia. Entonces, amputaré vuestras manos y pies opuestos. Seréis de las palmeras. Entonces veréis qué es la revelación y quién es el superior.

Los magos tenían corazones llenos de fe en Dios y le respondieron sin ningún temor:

— ¡Haz lo que quieras! No podemos abandonar a Moisés después de haber visto el milagro. Hemos creído en Dios y esperamos que nos perdone nuestros errores. Dios es el Supremo. Es el Eterno. En realidad, aunque nos hagas sufrir, sólo puedes destruir nuestro mundo material. Este mundo es mortal, ¿y eso qué importancia tiene? El otro mundo es eterno. Solamente queremos que nos perdone y nos envié  al Paraíso.

El Faraón estaba furioso. Mandó que ejecutaran a los magos inmediatamente. Toda la gente de la plaza les miraba. La verdad estaba ante sus ojos pero la gente sólo miraba. Si cada uno de los egipcios o de los israelitas hubiera cogido una piedra y la hubieran tirado al Faraón, él hubiera muerto allí y la Historia de los egipcios habría cambiado. Pero ninguno de ellos hizo nada y luego la gente de Egipto lo pagó muy caro. Los hijos de los egipcios pagaron la cobardía de un día con sus vidas.

Cayó el telón y acabó el día terrible. El Profeta Moisés y el Profeta Aarón se reunieron con los creyentes y el Faraón se puso en camino hacia su palacio.

Pasaron los días. Moisés mostraba milagros pero el Faraón insistía en no aceptarlos. Por fin, una noche Dios mandó a Moisés que pasara al otro lado del Mar Rojo con los creyentes. El lugar de destino era las tierras palestinas que eran su patria. El Profeta Moisés empezó a trabajar para poner en la práctica la orden divina.

Cuando oyó la noticia de la ida de Moisés de Egipto, el Faraón dio la orden para que se formara un gran ejército en todo el país. Salió ante sus soldados y dijo:

— Los fugitivos me han hecho enfurecer y me han deshonrado. ¡Los detendremos y los derrotaremos!

Aunque la gente sabía bien que era un mentiroso se mantuvieron en silencio. El Faraón comandó el ejército de miles de soldados y empezó el seguimiento.

Moisés llegó a la costa del Mar Rojo. Se podían ver las banderas y estandartes del ejército del Faraón. Los israelitas que huían con Moisés se asustaban. Todos dijeron:

— ¡El Faraón nos atrapará!

Moisés les dijo:

— No. Mi Señor está conmigo. Él me guiará.

Eran momentos difíciles. El mar estaba delante y el enemigo atrás. No tenían armas ni poderes para luchar. En ese momento, Dios inspiró a Moisés:

— *¡Golpea el mar con el bastón!*

Cuando el bastón tocó el agua, el Mar Rojo se dividió inmediatamente y se abrió un camino seco que estaba resguardado, a la derecha y a la izquierda, por olas enormes.

Moisés y los israelitas empezaron a marchar por el camino abierto en el mar. Era un milagro magnífico. Había mucho oleaje pero al llegar al camino se tranquilizaban como si una mano tranquilizara las olas.

Por fin, Moisés logró pasar con su gente al otro lado del Mar Rojo.

Al llegar al mar, el Faraón se quedó asombrado. Estaba ante otro milagro: un camino seco que cruzaba el mar. Se asustó pero estaba vencido por la obstinación y la ira y dio la orden de marchar adelante a los caballos de su carruaje.

El Faraón y sus soldados empezaron adelantarse en el camino abierto en el mar. Cuando el ejército llegó a la mitad del mar, Dios mandó que el mar volviera a su estado anterior. Entonces, el agua del Mar Rojo cubrió al Faraón y su ejército. Se hizo un silencio sepulcral. No había ni huella del Faraón ni de sus soldados. La incredulidad fue derrotada y la fe resultó como vencedora.

Cayó el telón y terminó una época faraónica.

Después de unos miles de años, las olas trajeron el cadáver del Faraón a la costa para que así la gente comprendiera cómo había muerto el Faraón que aseveraba que era un dios y aprendieran de este modo la lección. El Faraón, al que en vida nadie pudo oponerse, murió como un pobre desgraciado.

El Profeta Moisés avanzaba por el desierto de Sinaí. Allí, la Torá fue revelada a Moisés por Dios y los Diez Mandamientos que son los versículos dictados por Dios para llamar a la gente a creer, a ser veraz y ser sinceros.

Pero los israelitas estaban moralmente deteriorados. A pesar de todos los milagros que habían visto con sus ojos, cuando Moisés se marcho durante un corto periodo de tiempo a recoger la Torá, los israelitas elaboraron un becerro de oro y lo adoraron. Los israelitas hicieron sufrir mucho a Moisés.

A pesar de todo, Moisés estuvo con ellos hasta su última exhalación, les mostró el recto camino de Dios y les sugirió venerar nada más que Dios.

# EL PROFETA AARÓN

## (La paz y las bendiciones de Dios sean con él)

Los años oscuros de Egipto quedaron atrás, en la otra orilla del Mar Rojo. Empezaba una nueva etapa en la vida del Profeta Moisés, de su hermano Aarón[14] y de los israelíes. Moisés iba al frente, a su lado su fiel hermano Aarón y detrás miles de israelíes, cruzando el desierto Sinaí. El objetivo era conquistar las tierras sagradas. O sea, los territorios englobados hoy en día dentro de los limites de países como Palestina, Siria y Jordania. En estas tierras los profetas nacieron, crecieron y le transmitieron a la gente el mensaje divino. Noé vivió en aquella zona también. Es la patria de Hud, Salih, Suayb, José y de muchos más profetas. Jacob, el padre de los israelíes, está enterrado en Palestina. Moisés llevaba a los israelíes por ello a las tierras sagradas.

Las arenas pegadas a los talones de los israelíes al pasar el Mar Rojo todavía estaban mojadas. En el camino se encontraron con una tribu que adoraba a los ídolos. Su gente enseguida llegó a Moisés y le dijo:

— ¡Oh Moisés, haznos un dios parecido al de esa gente!

Moisés se puso furioso. ¿Tantos milagros no han podido quitarles este sentimiento de idolatría y materialidad? ¿No se dividió ayer mismo el mar en dos delante de sus ojos? El altísimo Profeta les dijo:

— Vosotros sois tan ignorantes... Los actos de esa gente son infundados, y los lleva a la destrucción. ¿Queréis a otra deidad además de Dios? ¿Os habéis olvidado de que Él os ha hecho superiores a los demás? ¿No fue Él quien os salvó de la crueldad del Faraón?

Las palabras de Moisés impactaron terriblemente en los israelíes. El pueblo de Egipto era idólatra y los israelíes todavía no tenían una fe muy

---

14    En el Corán es nombrado como «Harun».

asentada. El desierto Sinaí se alargaba ante sus ojos, parecía no tener fin. No había ninguna señal de vida; ni agua, ni árboles ni nada verde en el desierto. Los israelíes, que morían de sed, corrieron junto a Moisés, su salvador y Profeta. Dios le ordenó a Moisés dar un golpe en una roca grande con su vara. Mucha gente iba con Moisés para presenciar un gran milagro. Moisés levantó su vara, dio un golpe en la gigantesca roca y de repente surgieron doce manantiales. El agua era de un tono plateado, clara y dulce. Los israelíes se componían de doce tribus o ramas de descendientes. A cada rama se le asignó un manantial. Dios continuaba dándoles bendiciones a los israelíes. Poco después el cielo se llenó de miles de codornices. Los israelíes empezaron a cazarlas y las comieron. La carne de estos animales enviados desde las Alturas era deliciosa.

Un día fueron a ver a Moisés y le dijeron:

— ¡Oh Moisés! Ya estamos hartos de comer estas comidas. Pídele a Dios que nos mande alimentos como cebollas, ajos, lentejas y aluvias.

Moisés estaba sorprendido. Dios les mandaba alimentos del Cielo pero ellos querían cebollas y ajos. Durante todo el tiempo que vivieron en Egipto habían vivido en plena miseria comiendo estos alimentos. Pero esa gente se había degenerado y la esclavitud se había apropiado de ellos. Moisés se enfadó y les dijo:

— ¡Oh, pueblo mío!, ¿Queréis dejar esas ricas comidas por alimentos tan simples? Entonces, volved a Egipto donde podréis encontrar lo que buscáis.

Habían pasado meses y meses. Se habían acercado a las tierras sagradas. La ciudad de Jerusalén ya aparecía en el horizonte. Sin embargo, entonces la ciudad la dominaba un pueblo idólatra. Para conquistarla había que luchar. Moisés dirigió un discurso a su pueblo:

— ¡Oh, mi gente! Recordad las bendiciones de Dios que os salvó de la esclavitud y la crueldad y os hizo superiores a los demás. Os mandó profetas de vuestro propio pueblo. Ahora ahí tenéis la ciudad sagrada. Entrad en ella...

La alocución de Moisés fue impresionante, tanto que las montañas que lo escuchaban temblaron. Pero los israelíes no decían ni una palabra. No querían luchar ni morir. A ellos no les importaba en qué con-

diciones vivían, lo importante era vivir. A pesar de su población nume-
rosa no se habían opuesto al Faraón. Su principio fundamental fue vivir, aunque fuera en la miseria. Le dijeron a Moisés:

— ¡Oh Moisés!, ahí hay gente muy fuerte, no podemos entrar en la
ciudad sin que ellos salgan. No podemos luchar contra ellos.

Aarón y algunos creyentes que había junto a él dijeron:

— Vosotros sois más numerosos que ellos. Para conquistar la ciudad es suficiente que entréis por las puertas. La victoria será vuestra,
sólo es necesario que tengáis confianza en Dios.

Ellos le dijeron a Moisés con insolencia:

— ¡Oh Moisés! Nosotros no vamos a ir. Si tanto quieres luchar, hazlo tú con tu Dios, no vamos a movernos de aquí.

Moisés se puso muy triste. Se sentía apenado ante Dios. Estaba
enfadado con su gente. Levantó las manos y empezó a rezar:

— ¡Oh Señor Mío! Sólo estamos mi hermano Aarón y yo. Apártanos
de este pueblo impío

Por eso, Dios les prohibió a los israelíes entrar en Jerusalén durante cuarenta años. Tenían que vivir exiliados cuarenta años en el Desierto
del Sinaí. El castigo divino fue establecido así. Las bendiciones de Dios
no les habían llevado al camino recto, ¿servirían sus castigos para que
aprendieran?

Habían llegado al Monte de Tur. Dios le ordenó a Moisés subir a la
montaña. Le iba a revelar el Antiguo Testamento. Moisés se acercó a
Aarón y le dijo:

— Sustitúyeme, sé un buen reformador y no sigas a los conspiradores.

Después, Moisés se dirigió hacia la montaña, se acordó de la noche en la que había recibido la revelación por primera vez. Estaba en el
mismo lugar. Moisés se quedó cuarenta días en el Monte de Tur. Ahí se
le reveló el Antiguo Testamento y diez mandamientos en los que Dios
les ordenaba venerarle solamente a Él, santificar las fiestas, no jurar en
vano, respetar a los padres, no matar, no robar, no levantar falsos testi-
monios, no pretender la mujer del otro ni desear los bienes ajenos.

Moisés fue al Monte de Tur con unos sentimientos muy bellos, era imposible explicarlos. Durante los cuarenta días ayunó, rezó y habló con Dios. Todo fue maravilloso. Sin embargo lo que oyó después de bajar de la montaña no le complació nada. Dios le avisó de que su gente había empezado a adorar a un ídolo hecho por ellos mismos.

Los israelíes eran aficionados al oro. En su huída Egipto, se habían llevado el oro de los ricos de ahí. Sin embargo, Aarón dijo que ese oro no les pertenecía a ellos y por eso lo enterró en un lugar oculto. Entre los israelíes había un hombre hipócrita llamado Samiri. Este hombre era un escultor muy hábil que podía darle cualquier forma al oro. Samiri quería sustituir a Moisés. Éste había visto a Aarón enterrar el oro y, aprovechando la ausencia del Profeta Moisés, hizo un cervato parecido a un ídolo de los egipcios. En el centro de la figura había un hueco. Por eso, cuando soplaba el viento, salía un sonido parecido a un mugido.

Samiri después de colocar el vellocino en una colina, llamó a los israelíes y les mostró la escultura de oro. Los israelíes preguntaron:

— ¿Qué es esto Samiri?

Él dijo:

— Éste es vuestro dios y el de Moisés también.

— Sí pero Moisés había ido al monte para hablar con su Señor ¿no?

— No, ya se le ha olvidado, en realidad su dios está aquí.

De repente sopló viento y en cuanto el viento pasó por el hueco del vellocino de oro una voz salió de ahí. Al oír esto los israelíes se postraron. Fue exactamente eso lo que querían hacer ellos ya que antes le habían exigido a Moisés que les hiciera un ídolo para adorarle. Aarón estaba ahí y cuando vio que la gente empezaba a adorar a la escultura les dijo:

— ¡Parad! Esta es la discordia, Samiri os está engañando. Vuestro Señor es Dios, ¡obedecedme!

Pero no lo escucharon y la mayoría empezó a postrarse ante el ídolo. Además de eso muchos de ellos intentaron matar a Aarón. Entonces Aarón decidió esperar la vuelta de Moisés para que la disensión no creciera más. Al cabo de cuarenta días...

Apareció Moisés con el Antiguo Testamento en sus manos. El Gran Profeta estaba furioso. Había un silencio sepulcral. El Profeta Moisés rompió el silencio diciendo:

— Es muy grave lo que habéis hecho a mis espaldas.

Nadie dijo nada. Todo el mundo estaba temblando ante la grandeza y la majestuosidad del Profeta. Moisés se dirigió hacia Aarón, lo cogió de sus ropas y le gritó:

— ¿Por qué no lo impediste cuando viste que se salían del camino recto? ¿Por qué no obedeciste mis órdenes?

Aarón le contestó:

— ¡Hermano mío! No me maltrates. La culpa no es mía; hice todo lo que podía para impedirlo. Pero ellos me vieron débil e intentaron matarme. ¡Hermano mío! Por favor no me deshonres ante nuestros enemigos.

Esta vez el Profeta Moisés se dirigió hacía su gente y les regañó diciendo:

— ¡Oh gente mía! ¿Por qué no habéis cumplido la palabra que me disteis? ¿Cuál es vuestra intención? ¿Recibir el castigo divino? Los que adoran el ídolo serán castigados y vivirán en la miseria durante toda su vida.

Todo el mundo reconoció su culpa. Rebelarse después de recibir tantas bendiciones de Dios y adorar a un ídolo era algo horrible. El Profeta Moisés se dirigió a Samiri y le dijo:

— Lárgate de aquí. A partir de ahora tu castigo será decirles a todas las personas que veas: «No me toques». Mira al ídolo que hiciste para adorar; lo voy a quemar y tiraré su ceniza al mar.

Poco después el cuerpo de Samiri se cubrió con heridas. La gente empezó a huir de él. Ya no podía salir a la calle. Sufría mucho por las heridas; cuando alguien le tocaba las heridas le dolían mucho y por eso le decía a la gente que no le tocaran.

El Profeta Moisés tiró el ídolo al fuego delante de los ojos de todo el mundo; después tomó las cenizas y las tiró al mar. Luego les gritó las palabras que todos los profetas habían dicho antes:

— Vuestro deidad es Dios. No hay más dios que Él y Su conocimiento abarca todo.

Moisés les ordenó a los israelíes arrepentirse sinceramente y jurar no repetir lo que habían hecho. Moisés ya estaba calmado. Entonces empezó a leerles fragmentos del Antiguo Testamento. Pero aún así los israelíes no se enmendaban. Le dijeron que los mandamientos les parecían muy difíciles de practicar. Entonces el Profeta les encomendó a Dios. Después vino el Arcángel Gabriel, arrancó el Monte de Tur de su sitio y lo colocó encima de los israelíes. La espléndida montaña iba a caer encima de ellos y los iba a matar. Los israelíes estaban horrorizados y no sabían qué hacer. Cuando el fondo de la montaña les tocó la cabeza se inclinaron al suelo. Por un lado estaban observando la montaña y por otro se arrepentían. Entonces Moisés le pidió a Dios que los perdonara y Dios aceptó su petición.

El Profeta Moisés reunió a los israelíes y les dijo que formaran una comisión de setenta personas selectas. Los iba a llevar al Monte de Tur y ahí éstos le iban a presentar a Dios su arrepentimiento. Al final llegaron al Monte, Moisés entró en una nube que estaba en la cima y desde ahí empezó a hablar con Dios. Setenta personas habían presenciado un milagro. Sin embargo, le dijeron a Moisés:

— No te vamos a creer hasta ver a Dios con nuestros propios ojos.

¡Dios Mío! ¿Esa gente no era la más selecta y pura de aquellos israelíes? ¿Cómo podrían decir algo así? Poco después la montaña empezó a temblar y hubo un terremoto horrible. Los setenta hombres murieron allí mismo. Al ver esto Moisés se postró y dijo:

— ¡Señor mío! Tú eres capaz de destruirnos a todos nosotros. ¡Oh Dios! No nos destruyas por culpa de unos ignorantes. Perdónanos, ten compasión de nosotros. Tu mar de misericordia es ilimitada.

Dios una vez más aceptó la petición de Moisés y resucitó a los setenta hombres. Y ellos después de volver a su pueblo les contaron a su gente todo lo que habían visto y oído.

Un día el Profeta Moisés le dijo a Dios:

— ¡Señor Mío! En el Antiguo Testamento veo una comunidad que vendrá en el futuro. Ellos van a ordenar lo bueno y evitarán lo malo. ¡Señor mío! Quiero que ellos sean mi gente.

Dios le contestó:

— Ellos son la gente de Muhammad.

Dios señalaba a Muhammad en el Antiguo Testamento pero después los sacerdotes judíos borraron estos versículos o los cambiaron.

Nuestro Profeta Muhammad un día estaba sentado con parte de su gente. Cuando mencionaron al Profeta Moisés dijo:

— ¡Que la paz sea con él! Su gente le afligió mucho pero él tuvo paciencia con ellos.

Aarón falleció antes que Moisés. Él era el símbolo de la fidelidad.

Moisés no pudo ver la conquista de Jerusalén. Sin embargo, durante los cuarenta años que vivió en el desierto, educó a una nueva generación. Cuando llegó a las puertas de Jerusalén con un ejército muy potente, había envejecido mucho. Pero estaba seguro de que conquistarían la ciudad. Pasó muchas penas en su vida y había vivido con la esperanza de entrar en las tierras sagradas. Pero ya había llegado la hora de despedirse de este mundo. Dios deseaba demostrarle su victoria en el otro mundo. Cuando Moisés se dio cuenta de que vivía los últimos momentos de su vida, levantó las manos hacia el cielo y le pidió a Dios que le dejara morir cerca de las tierras sagradas.

Deseaba ver cómo luchaban los jóvenes a quienes él mismo había educado. Se sentía muy bien al entregar su alma a Dios; porque su trabajo lo había hecho de la manera más adecuada.

# EL PROFETA DAVID

## (Que la paz y las bendiciones de Dios estén con él)

Habían pasado años y años tras la muerte del Profeta Moisés y los israelitas se habían alejado de las órdenes transmitidas por él. La división se extendió entre ellos, se debilitaron, y entonces sus enemigos los atacaron y los vencieron. Tuvieron que marcharse de su patria pero lo que fue más desastroso fue perder el Arca de la Alianza en la que estaban las pertenencias de Moisés así como el Antiguo Testamento.

Un día fueron a ver al Profeta Samuel:

— ¿Tú no eres el Profeta de Dios?— le preguntaron.

Y él lo afirmo.

— ¿No nos obligaron a salir de nuestra patria?

— Sí...

— Entonces ¿por qué no pides a Dios que nos envié un rey que nos agrupe bajo el mismo estandarte? Nosotros queremos luchar por Dios y conquistar de nuevo nuestras tierras.

El Profeta que los conocía muy bien les preguntó:

— ¿Estáis seguros de que cuando se os pida que luchéis, lo vais a hacer sin titubeos?

— ¿Por qué no hemos de luchar por Dios? Nos echaron de nuestras tierras, nuestros hijos tuvieron que marcharse a diferentes partes del mundo. ¿Puede haber algo peor que eso?

Después de un rato el Profeta los llamó, diciendo:

— Dios os ha designado como rey a Talut (en la mayoria de las fuentes judeocristianas se nombra como Rey Saúl, el primer rey de los Israelitas).

Se asombraron:

— ¿Cómo puede corresponderle a él reinar sobre nosotros, si tenemos más derechos que él y ni siquiera le ha sido otorgada una gran riqueza?

Entonces el Profeta les dijo:

— La verdad es que Dios lo ha elegido a él de entre vosotros y le ha proveído de un gran conocimiento y de una constitución fuerte. Dios concede Su soberanía a quien desea.

— ¿Cómo podemos estar seguros de que es el Rey? ¡Queremos ver un milagro para creerte!

— La señal de su soberanía será que os traerá el Arca, llevada por los ángeles, en la que se encuentra la serenidad, la bonanza procedente de vuestro Señor y también una reliquia de la familia de Moisés y Aarón. Realmente, ahí tenéis un signo en caso de que seáis creyentes.

Al día siguiente la gente fue al templo para observar el milagro.

Y se realizó el milagro esperado ante sus ojos. Los ángeles bajaban el Arca sagrada del cielo. Al final, creyeron que era verdad lo que había dicho el Profeta. Otra vez tenían el Antiguo Testamento en sus manos.

Talút empezó a formar su propio ejército sin perder tiempo. Muy pronto el ejército estaba preparado. Iba a luchar contra un rey llamado Yalút— comúnmente conocido en la tradición judeocristiana como Goliat— . Éste era un hombre muy fuerte a quien nadie podía vencer, ni los guerreros más valientes se atrevían a luchar con él.

Talút se puso en marcha con su ejército. Cruzaron por vastos desiertos, enormes montañas, etc. Los soldados tenían mucha sed. El rey para ponerlos a prueba y diferenciar a los hipócritas de los fieles les dijo: «Poco después vamos a ver un río. Los que beban agua de este río que se marchen de aquí. Tan sólo quiero que se queden los que no beban o aquellos que solamente mojen sus labios».

Era una prueba muy difícil. Cuando llegaron al río la mayoría de los guerreros bebió agua y fueron expulsados del ejército. Talút se dijo a sí mismo: «Ahora sé quiénes son los cobardes; los valientes son los que se han quedado conmigo».

El número de los soldados se había reducido mucho, pero en un ejército lo importante no es el número de soldados o de sus armas sino la fe y el valor.

Ya había llegado el momento de enfrentarse para los ejércitos de Talút y Yalút. Talút tenía muy pocos combatientes, y en cuanto a Yalút poseía de un número superior de hombres y éstos eran muy fuertes. Algunos soldados de Talút tuvieron miedo al ver que el ejército enemigo era superior en numero que ellos. Y dijeron:

— ¿Cómo vamos a vencer a este gigantesco ejército?

Los soldados fieles les contestaron:

— Lo que da la fortaleza a un ejército es la fe y la valentía.

De repente apareció el corpulento Yalút con su armadura puesta. En una mano portaba una espada y en la otra una lanza. Expresó su intención de luchar con alguien del ejército de Talút.

Los soldados de Talút se asustaron al ver al imponente Yalút. Nadie se atrevía a luchar contra él. Los soldados se miraban para ver si salía de entre sus filas alguien, y justo en ese momento un joven llamado David[15] se adelantó. David se presentó ante Talút para pedirle permiso y luchar contra Yalút. El primer día el rey no aceptó su petición porque él no era soldado sino un pastor. No sabía nada sobre el arte de la guerra. Además no tenía una espada, su única arma era el bastón que usaba con sus rebaños. Pero David creía que la única fuente de poder en el mundo era Dios y si su corazón latía con fe entonces él era más fuerte que Yalút.

Al segundo día David se presentó de nuevo ante el rey y le dijo que quería luchar contra Yalút. Esta vez el rey le concedió el permiso y le dijo:

— Si consigues matar a Yalút te voy a nombrar el comandante de mi ejército y te casarás con mi hija.

David se adelantó con el cayado en su mano, unas piedras y una honda. En cuanto a Yalút, se asemejaba a un gigante de hierro. Cuando éste vio a David lo menospreció, se burló de él al ver su arma y su vestimenta. Justo entonces David puso una piedra bastante grande en su honda y la lanzó a la cara de su enemigo. La piedra golpeó la frente de Yalút y éste cayó ipso facto, muerto al suelo. David se acercó a su ene-

15    En el Corán es nombrado como «Davut».

migo, cogió su espada y dio un grito de victoria. La guerra había acabado ya.

A partir de entonces David se convirtió en la persona más famosa del Reino. El rey cumplió su palabra, le hizo comandante de su ejército y lo casó con su hija. Sin embargo, nada de esto le era suficiente a David para estar contento porque nunca había deseado ser famoso ni gobernar a la gente. Él quería sólo a Dios, lo que deseaba era conmemorar a Dios.

Se pasaba el día rezando, le daba las gracias a Dios, le demostraba su admiración y agradecimiento. Dios le dio numerosas bendiciones a David y lo nombró Profeta. La mayor bendición otorgada a él fue un Salmo. Este libro era tan sagrado como el Antiguo Testamento. David leía día y noche este libro y recordaba a Dios.

Un día, cuando leía el libro con su voz fascinante, escuchó que todos los árboles y las montañas le acompañaban. Lo que oía no era el eco de su voz, porque el eco es la repetición del sonido. Pero en ese momento todo era diferente. Las montañas completaban los versículos que leía. Incluso cuando a veces él se quedaba callado, las montañas seguían recitando los versículos.

Pero no solamente las montañas participaban en la recitación sino que los pájaros también se unían a esa música divina. Cuando David empezaba a leer el Libro Sagrado, muchos pájaros y animales se reunían a su alrededor y todos juntos recordaban a Dios.

El milagro de David fue ese. Como él era el símbolo de la veracidad, las piedras y los pájaros que volaban en el cielo participaban en sus recitaciones. La hermosura de su voz y la sinceridad de sus oraciones despertaba un sentimiento irresistible en ellos, por eso salían de su silencio y servían de instrumento con su voz.

Claro que no fue ese el único milagro de David. Aparte de eso Dios le había dado el talento de entender la lengua de los pájaros y de otros animales. Un día, escuchó que dos pájaros hablaban entre sí. ¡Los entendía!, entendía lo que decían los pájaros. Gracias a la luz que Dios le infundió en el corazón podía entender la lengua de todos los animales.

David era muy compasivo con los animales, los quería y los trataba muy bien. Les daba comida cuando tenían hambre, y los curaba cuando estaban heridos. Todos los animales lo amaban muchísimo y cuando tenían algún problema iban a verlo para que les ayudara a resolverlo.

Dios le enseñó la sabiduría. Cuanto más le concedía milagros y bendiciones, tanto más aumentaba su amor por Dios. Para poder agradecerle todas las bendiciones que Dios le daba, un día comía y el otro ayunaba. Esto es conocido como «el ayuno de David».

Dios estaba satisfecho con David y por eso le concedió un reino. En aquellos tiempos había muchas guerras. Las armaduras que se ponían los guerreros en las contiendas pesaban mucho y esto les hacía difícil el movimiento. Un día David pensaba acerca de esto. Tenía un trozo de hierro y de repente se dio cuenta de que el hierro se curvaba... Dios había ablandado el hierro.

Se levantó inmediatamente, dividió en muchos trozos el metal y los juntó. Cuando acabó el trabajo tenía una nueva armadura de hierro en sus manos, una cota de malla. ¡Era una maravilla! El guerrero que la usara iba a moverse con mucha facilidad y también iba a ser protegido de los golpes de espada, hacha o puñal. Dios le hizo fabricar la mejor armadura de su época. David se postró ante Dios para agradecérselo.

A partir de aquel día empezó a hacer nuevas armaduras y las repartió entre los guerreros. Los ejércitos enemigos, cuando se enfrentaban con el ejército de David, se daban cuenta de que sus espadas no servían para nada ante las armaduras de los soldados de David; aunque las suyas pesaban mucho y eran muy gruesas no podían evitar los golpes.

David ganaba todas las guerras. Nunca había sido vencido por nadie. Pero él sabía que el verdadero dueño de las victorias era Dios y por tal motivo, para darle las gracias a Dios, rezaba mucho más que antes.

Si Dios quiere a un profeta o un siervo suyo, le hace ser querido por las demás personas también. Muy pronto, después de las montañas, los pájaros y los otros animales, la gente también empezó a quererlo mucho. Así David se convirtió en la persona más amada por todo el mundo. Por eso, el rey le tenía envidia y quiso hacerle daño preparando un gran ejército para luchar contra él.

Cuando David se dio cuenta de que el rey estaba celoso no quiso luchar contra él. Una noche, mientras dormía el rey en su cama, David entró en su habitación, cogió la espada del rey, justo al lado de la cama y cortó un trocito de su vestido. Después lo despertó y le dijo: «¡Estimado rey!, pretendiste matarme, en cambio yo no tengo intención de hacerte el más mínimo daño. Si quisiera matarte, podría hacerlo mientras dormías. Corté un trozo de tu vestido y si hubiese querido en lugar de eso podría haber cortado tu cabeza. Yo no quiero hacer el daño a nadie porque el mensaje que yo transmito a la humanidad no es el odio sino el amor».

El rey reconoció su error y le pidió perdón. Después de perdonarlo David salió de su cuarto. Pasaron muchos días y el rey murió en una guerra en la cual David no había participado. Lo cierto es que el rey no había dejado de tenerle envidia y por eso rechazó la ayuda de David.

Después de aquel día David empezó a gobernar el país. La gente lo quería mucho por todo lo que había hecho por ellos, por eso lo hicieron rey. Él era profeta y al mismo tiempo el rey del país. David sabía que todo esto era la bendición de Dios y estas bendiciones hacían agradecérselo aún más a Dios.

Dios siempre permaneció al lado de David y le ayudó en todas las guerras haciéndole obtener nada más que victorias. Además, Dios le dio la facultad de la sabiduría y el arte de la retórica. Al mismo tiempo que los honores de ser profeta y rey le concedió el conocimiento de distinguir lo bueno y lo malo.

Cuando David tuvo un hijo le dio el nombre de Salomón. Salomón era un niño muy inteligente. Cuando sucedió lo que os voy a contar ahora, Salomón tenía sólo once años.

David estaba sentado en su trono como siempre encontrando soluciones a los problemas de la gente. Dos hombres se le presentaron. Uno de ellos tenía un viñedo y se lo reclamaba a otro hombre. El dueño del campo dijo:

— ¡Señor! Las ovejas de este hombre entraron en mi viñedo por la noche y comieron todas las uvas. He venido para que me indemnice por el daño que me hizo.

David le preguntó al dueño de las ovejas:

— ¿Es verdad que tus ovejas se han comido todas las uvas de este hombre?

— Sí, señor.

Entonces David dijo:

— Por todo el daño que causaste al dueño del viñedo quiero que le des las ovejas en recompensa.

Mientras tanto Salomón participó en la conversación. Dios le había dado sabiduría a él también. Además había aprendido muchas cosas de su padre.

— Padre mío, tengo una idea que pienso que es mejor ¿me permitiría exponerla?

— Dinos lo que tú piensas, te escuchamos.

— Dejemos que el dueño de las ovejas coja el viñedo, y que lo siembre de nuevo y cuando las uvas estén maduras, se lo devuelva a su dueño verdadero. En cuanto a las ovejas, que las tome el dueño del viñedo y disfrute su lana y leche. Y en cuanto tenga el viñedo otra vez se las devuelve a su dueño.

David se puso muy contento ante ese veredicto y le dijo a su hijo:

— ¡Es una solución excelente! Gracias a Dios que te enseñó la sabiduría. Tú eres una persona realmente sabia.

Dios quería a David y todos los días le enseñaba cosas nuevas. Un día, le enseñó a no juzgar en un proceso sin escuchar a las dos partes. Aquél día David, después de acabar sus tareas, se retiró a su cuarto para hacer las plegarias y rezar en un lugar especial que había establecido. En aquellos momentos les ordenaba a los guardianes que nadie le molestara.

Pero aquel día cuando entró en su habitación había dos hombres en su cuarto. Al principio se sorprendió y tuvo algo de miedo. Aunque les había ordenado que no dejaran entrar a nadie estaban ahí y a lo mejor llevaban malas intenciones. Les preguntó inmediatamente:

— ¿Quiénes son ustedes?

— No se preocupe señor, tenemos un problema entre los dos y hemos venido para arreglarlo con usted.

— Bien, entonces decidme cuál es el problema.

El primer hombre empezó a hablar:

— Este es mi hermano. Él tiene noventa y nueve corderos, en cuanto a mí, yo sólo tengo un cordero. Mi hermano usurpó mi cordero y no me lo devuelve.

David juzgó antes de escuchar la defensa del otro hombre y les dijo:

— Es una tiranía que tu hermano ponga los ojos en tu cordero a pesar de que él tenga tantos. Tu hermano fue injusto contigo. Ya que los socios son injustos unos con los otros. Pero los creyentes nunca se comportan así.

Aún no había acabado sus palabras y de repente los hombres desaparecieron como una nube de polvo. David entendió que estos dos hombres eran ángeles. Dios los había enviado para enseñarle algo: en un caso no debía juzgar sin escuchar a las dos partes. A lo mejor el dueño de los noventa y nueve corderos tenía razón, ¿quién sabe? Después de eso David se postró inmediatamente y empezó a pedirle perdón a Dios. A partir de aquel día no juzgó a nadie antes de escucharlo.

David pasó el resto de su vida rezando a Dios. Nunca le faltó el nombre de Dios. Cuando entregó su alma a Dios, estaba muy contento por llegar al final de su vida junto a su Amado. Después le sucedió su hijo Salomón.

# EL PROFETA SALOMÓN

## (Que la paz y las bendiciones de Dios estén con él)

Entre Dios y los corazones de los profetas no hay ningún velo. Ni el lugar ni el tiempo puede impedir que un profeta esté en contacto con Dios. Cuando el profeta levanta las manos para pedirle algo a Dios, Él acepta su súplica de inmediato. Cuando el corazón llega a una cierta claridad, entonces ya se supone que ha encontrado el camino que va hacia Dios.

Después del fallecimiento de David le sucedió Salomón[16]. David era un profeta pero al mismo tiempo rey, así como Salomón.

Un día Salomón se postró y rezó diciendo: «¡Señor Mío! Dame un reino que nadie pueda tener».

Salomón quería un reino que Dios no le hubiera dado a nadie hasta el Día del Juicio Final. Dios aceptó su petición y le dio un reino muy grande.

El cargo que lleva consigo la profecía es un puesto superior. Entre los profetas también existen categorías. Los más grandes de ellos se llaman «ulu'lazm». Entre ellos los siguientes: El profeta del diluvio, Noé; Abraham a quien Dios llamaba «amigo de Dios»; Jesús, quien resucitaba a los muertos con el permiso de Dios; Moisés, quien habló con Dios; y nuestro Profeta Muhammad, quien es el Amado de Dios.

Junto con las diferencias entre las categorías de los profetas, también los milagros que Dios les otorga son diferentes. A veces el milagro de un profeta es un diluvio como el de Noé. Otras veces es un libro cuya influencia dura para siempre, como el Corán revelado al Profeta Muhammad.

---

16    En el Corán es nombrado como «Suleyman».

A pesar de esas diferencias entre los profetas aceptar su profecía es una de las condiciones imprescindibles para ser musulmán. Tenemos que querer a los profetas tanto como Dios los quiere.

Salomón fue el heredero de David, le pidió a Dios que le diera un reino sin par y Dios aceptó su petición. Salomón no había pedido tal soberanía debido a su característica terrenal ni mucho menos. No se podía imaginar algo así porque él era un profeta y ningún profeta lleva tales sentimientos dentro.

Salomón quería esa soberanía y el poder para luchar contra los poderes oscuros y llenar el mundo con la luz de Dios. Su padre le dio en herencia tres cosas: el Reino, la Profecía y la Sabiduría. La gente lo llamaba «Salomón el Sabio».

Él juzgaba con justicia, trataba muy bien a las personas, tenía compasión de ellos y solucionaba sus problemas. La sabiduría de Salomón no sólo abarcaba a los seres humanos sino a los pájaros y los demás animales. David podía entender lo que decían los pájaros, en cuanto a Salomón, él podía hablar con ellos y les encargaba diferentes tareas.

Salomón les daba órdenes a los animales salvajes, empleaba al viento cuando necesitaba de su ayuda. Su soberanía se había extendido tanto que no abarcaba sólo a los seres humanos sino a los animales y otros poderes de la naturaleza también.

Un día vinieron dos mujeres a verlo. Tenían un bebé en los brazos. Las dos decían que el bebé era suyo. Salomón sabía que una de las mujeres era la verdadera madre del bebé y la otra mentía. Pensó y decidió que la única manera de encontrar a la verdadera madre era examinar sus corazones. Les propuso algo:

— Las dos decís que sois la verdadera madre del bebé. Entonces la única solución es dividir en dos partes iguales al niño y os daremos una parte a cada uno.

La verdadera madre cuando escuchó esto gritó:

— No, por favor, no haga eso. Si lo divide, morirá. Yo consiento en que se lo deis a ella.

Al escuchar estas sinceras palabras Salomón le dio al niño a su madre verdadera y dijo:

— La verdadera madre del niño es esa mujer porque ninguna madre quiere que se le haga daño a su hijo.

Con el tiempo, el conocimiento y la sabiduría de Salomón aumentaron. Y también traspasó las fronteras de su país. Dios había aceptado su petición y no le dio a ningún profeta ni rey tal soberanía después de él. Dios dice lo siguiente cuando le menciona en el Corán: «No hay duda de que Nosotros otorgamos la ciencia a David y a Salomón. Por esa bendición nuestra ellos dijeron: "¡Alabado sea Dios, que nos ha preferido por encima de muchos de Sus siervos creyentes!"»

Después del fallecimiento de David, Salomón heredó todo de su padre y dijo: «¡Oh gente! Se nos ha enseñado el lenguaje de los pájaros y se nos ha favorecido de todo. ¡Es un favor manifiesto!»

Salomón podía escuchar hasta el susurro de las hormigas; además les daba órdenes a las hormigas y ellas le obedecían. Las tropas de Salomón, compuestas de genios, de hombres y pájaros, fueron las tropas más variopintas del mundo.

Nosotros sabemos que los genios son seres creados por Dios. Estos seres no pueden ser vistos por los humanos. Sin embargo, Dios le dio a Salomón el poder de ver y utilizar los servicios de los genios. Él empleaba a los genios como soldados en las guerras y en los tiempos de paz les hacía trabajar en la construcción de nuevas ciudades. ¿Os podéis imaginar qué estremecedor debe de ser un ejército con soldados invisibles? ¿Cómo era posible luchar contra un ejército así?

Los pájaros eran soldados de Salomón y hacían averiguaciones concernientes al ejército del enemigo. No hay duda de que en las guerras el espionaje es algo vital. Sólo de esa manera se puede enterar uno de los planes, del número de soldados y la capacidad de armas de la oposición. Durante la guerra iban al frente de los ejércitos enemigos y después le llevaban información sobre ellos a Salomón.

Aparte de los genios y los pájaros Dios también puso al viento bajo las órdenes de Salomón. Él podía usar los vientos como quería, hasta podía volar montando en el viento con sus guerreros. Hoy en día, aprovechando el viento se pueden hacer volar a los aviones. En cam-

bio a él se le había enseñado las técnicas de aprovechamiento del viento hacía muchísimo tiempo. De esa manera, los soldados de Salomón
podían alcanzar el azul cielo en un tiempo en el que ninguna persona
se podía imaginar volar.

Dios le había dado otro poder además de utilizar como soldados
a los genios y los pájaros: el poder de dominar a los demonios. Nadie,
incluso los genios buenos pueden controlar a los demonios. Sin embargo, Dios le había dado el poder y el conocimiento de controlarlos
e incluso darles castigos cuando no le obedecían.

Las bendiciones dadas a Salomón le hacían rezar más. En nuestro
Sagrado Libro Corán se le menciona así: «A David le ofrecimos Salomón.
¡Qué siervo tan agradable! Siempre se dirigía a Dios con todas sus palabras y comportamientos». En el Corán Dios lo llama «evvab» que significa persona que ama a Dios, siempre Lo conmemora y se dirige a Él.

Esa excelente persona antes de una de sus batallas estaba controlan-
do y acariciando los corceles de pura raza que empleaban en las guerras;
en este momento se dio cuenta de que se había retrasado en hacer la
plegaria de la tarde y se postró inmediatamente, se arrepintió y le pidió
perdón a Dios. Después ordenó que se los trajeran de nuevo. Muy pronto iba a haber una guerra y los caballos eran las armas de guerra más importantes en la misma. Además él sabía las enfermedades que tenían los
corceles, hablaba con ellos, escuchaba sus problemas y encontraba soluciones para ellos. Y los caballos le obedecían ciegamente.

Una de las bendiciones que Dios le dio era fundir materiales duros como el cobre. Dios había suavizado el hierro y le había dado a
David la habilidad de darle diferentes formas. Efectivamente, Salomón
utilizó con asiduidad el cobre fundido tanto en las guerras como en los
tiempos de paz. Mezclaba el cobre con el estaño y al final obtenía el bronce. Las mejores armas de aquellos tiempos eran espadas, puñales y lanzas hechas de bronce. En los tiempos de paz usaban el bronce en las cons-
trucciones de edificios e infraestructuras.

Es verdad que Dios le dio muchas bendiciones a Salomón pero
también le puso a prueba como a los demás. Gracias a estas pruebas se
entiende de qué está hecho el corazón de una persona. Al final de las
pruebas divinas el resultado es que algunos tienen el alma como un

diamante y los otros la tienen como el carbón. La prueba de las grandes personas es magna también. Dios le proveyó de una enfermedad muy grave.

Era una enfermedad tan grave que ni los médicos humanos ni los genios pudieron curarla. Los pájaros trajeron muchos tipos de hierbas medicinales de diferentes partes del mundo pero fue en vano... la vehemencia de su enfermedad aumentaba cada día; la gente creía que ya estaba muerto. Estaba cansado, exhausto y pálido. Padeció mucho tiempo esa enfermedad incurable. A pesar de su enfermedad tan grave nunca se olvidó de Dios porque sabía que la única fuente de la curación era Él. Por eso nunca ni en los tiempos más difíciles de su enfermedad dejó de recordarlo; siguió queriéndole con pasión y le pedía constantemente el perdón y la curación para su enfermedad.

Y un día acabó la prueba de Salomón. Dios curó todas sus enfermedades. Ya estaba tan sano como antes. Dios quiso darles una lección a todos los seres, tanto los humanos como los genios, ni los poderes más fuertes del mundo podían curar a alguien sin el permiso de Dios.

Después de aquel día Salomón decidió construir un templo sin par. Las personas de diferentes partes del mundo iban a visitarlo para venerar al Único Dios. El templo al mismo tiempo iba a ser una obra de arte sin igual.

Los golpes de martillo de los herreros se escuchaban por todas partes. Las máquinas que se usaban para fundir los metales funcionaban las veinticuatro horas. El cobre fundido corriendo por cien canales se mezclaba con la arena y los obreros le daban diferentes formas a la mezcla, como puertas, ventanas, y para adornar el camino que iba al templo colocaron estatuas de animales como el león, el tigre y el pájaro.

En la construcción del templo trabajaban miles de obreros; aquellos que fundían los metales, los que daban forma y adornaban las rocas como los escultores, los que cortaban la madera como los carpinteros o aquellos que fundían el oro y lo empleaban en las paredes y los techos.

En la construcción del templo también trabajaban los genios; hacían vasijas enormes para cocinar a todos los obreros y soldados que trabajaban. Las vasijas eran muy grandes y pesaban mucho, eran tan grandes que se parecían a grandes estanques. Mientras seguían estos trabajos intensos, Salomón se acercaba a los hombres, escuchaba sus problemas y les encontraba soluciones, pasaba revista a los pájaros y los demás animales de su ejército, miraba si todos estaban ahí y si no estaban entonces preguntaba a dónde y por qué se habían marchado.

Pero no sólo escuchaba los problemas de su ejército formado por humanos, animales y genios sino también podía oír el susurro de las hormigas y tenía mucho cuidado de no hacerles daño. Los reyes tan fuertes como él normalmente son muy orgullosos, en cambio, Salomón era muy modesto. Siempre caminaba con esa modestia porque sabía que el único dueño de esa soberanía era Dios; por eso siempre le presentaba sus agradecimientos.

Un día llegaron al Valle de las Hormigas y una hormiga dijo: «¡Hormigas! ¡Entrad en vuestras viviendas, no vaya a ser que Salomón y sus tropas os aplasten sin darse cuenta!»

Salomón sonrió al oír esas palabras; él era un profeta y su mensaje más importante era la piedad y la compasión. Él siempre andaba con mucho cuidado para no hacerles daño a los pequeños seres vivos.

Salomón le agradeció a Dios por la merced con la que le había favorecido, si no pudiera oír a las hormigas, mataría muchas de ellas sin darse cuenta y eso dejaría huellas imborrables en su alma frágil.

Salomón era el hombre más rico del mundo. Mandó hacer sus magníficos palacios con materiales traídos de diferentes partes del mundo. Algunos se habían hecho de excelente pino... En cuanto a su trono... ¡era imposible describir su belleza! Era en su totalidad una obra de arte hecha de oro puro y piedras preciosas.

Los palacios fastuosos le pertenecían a él. Vestía con trajes adornados con piedras preciosas como diamantes y rubíes, perlas y oro también. Pero a pesar de todo era muy modesto ante Dios y las personas. Cuando salía con sus vestidos brillantes frente de su pueblo, les decía: «El vestido de cualquier flor del jardín es mucho más bonito que los vestidos del rey Salomón».

¡Qué lecciones tan excelentes le daba a su pueblo! El que creaba las flores y les daba una forma y color era Dios. Sin embargo, el que hacía el vestido de una persona era un ser humano también, ¿no es el arte de Dios mil veces más perfecto que el de los humanos? ¡Qué magnifica es la belleza y la finura del arte de Dios! Los vestidos con los que se engalanaban los árboles eran más bellos que los de Salomón. Sí, el rey profeta Salomón, quien tendía las alas de modestia en el suelo, se postraba ante Dios después de hablar a su pueblo, de la misma manera que su padre David.

Y un día Salomón empezó a pasar revista a los soldados. Vio que todo era perfecto en los humanos; juntó a los comandantes y les dio sus órdenes pertinentes. Después, fue a ver a los genios y también dio algunas instrucciones más. Mientras tanto vio que un soldado se comportaba perezosamente y por eso lo mandó a la cárcel.

Después visitó a los animales. Les preguntó si tenían algún problema con las horas de comida o si podían comer bien y descansar. Después de ver que todo andaba bien entró en la enorme tienda en la que se encontraban los pájaros. Al entrar en la tienda echó un vistazo rápidamente y notó la ausencia de la abubilla. La abubilla tenía un lugar preciso y Salomón siempre la encontraba ahí. Pero ahora no estaba ahí y era evidente que se había ido sin permiso. De repente cambió la expresión de su cara y les preguntó a los que estaban a su alrededor:

— ¿Qué ocurre que no veo a la abubilla? ¿O acaso es que está ausente?

Todos los pájaros se callaron. Esperaron a que contestara su comandante. Salomón los miró a todos.

Notó por sus ojos que la abubilla no se encontraba ahí y ellos no sabían dónde estaba. Les preguntó:

— ¿No está aquí la abubilla?

Un gorrión le contestó con una voz temblorosa:

— ¡Señor mío! Ayer me dispuse a salir en un vuelo de reconocimiento. El responsable de la patrulla era ella. Pero como no apareció no pude ir.

Mientras decía esas palabras el pájaro estaba temblando de miedo. Cuando Salomón entendió que la abubilla se había ido sin avisar a nadie a dónde iba dijo con un tono muy duro:

— ¡La castigaré con un duro castigo o la degollaré a menos que venga con una excusa satisfactoria!

Al oír esas palabras los pájaros entendieron que Salomón se había enfadado mucho de verdad. Iba a castigarla severamente o degollarla. Para poder salvarla en esa situación sólo había un remedio: una buena excusa a su desaparición. Por ejemplo un vuelo en una misión importante.

La ira de Salomón era tan fuerte que hacía temblar a los corazones. Sin duda él era un hombre muy compasivo. Pero cuando se enfadaba… tenía el poder de llevar a cabo sus amenazas. El pobre gorrión estaba temblando ante la ira de Salomón. Al ver eso Salomón acarició la cabeza del pájaro y entonces se le fue todo el miedo. Y el pequeño pájaro se dijo: «¿Dónde estás abubilla? ¡Oh! Si pudieras oír lo que dice Salomón de ti».

Salomón salió de la tienda y se dirigió hacia su palacio. La ausencia de la abubilla le mantenía la mente ocupada. Ella era fundamental en la organización, ¿había salido en una misión especial o…? Muy pronto la abubilla volvió al cuartel. Los pájaros empezaron a preguntarle:

— ¿Dónde estabas? ¿Dónde estabas?

La abubilla había venido de un largo camino por lo que estaba sin aliento. Les preguntó de manera excitada:

— ¿Qué ha pasado? ¿Por qué esa prisa? ¿Qué es lo que os produce esa tensión?

Los pájaros le dijeron:

— Tu día es más oscuro que las plumas de un cuervo. Nuestro señor Salomón hace un rato que estuvo aquí. Como no pudo verte se puso furioso y dijo que te castigaría o te degollaría.

La abubilla les dijo temblando de miedo:

— ¡Qué estáis diciendo!… ¿qué pensó nuestro señor, acaso que estaba jugando? ¡No! Me marche en una misión secreta.

Los pájaros le dijeron:

— Entonces ve a ver a nuestro señor enseguida para que no piense que te escapaste.

Al oír esas palabras la abubilla voló al palacio de Salomón para explicarle la situación. Se posó en un lugar cerca de la mesa y empezó a contar la historia sin darle a Salomón la oportunidad de preguntar nada. Así pretendía probar su inocencia. Empezó diciendo:

— ¡Señor mío! Me he enterado de algo que usted no sabe y le traigo una noticia del Reino de Saba que yo presencié con mis propios ojos.

La forma de hablar de la abubilla era insolente. ¡Cómo podía decir una pobre abubilla a Salomón que ella estaba informada de algo que él no sabía!

Sin embargo, Salomón esperó a que la abubilla terminara sus palabras y no la interrumpió. La abubilla siguió: «He descubierto que la reina del pueblo de Saba es una mujer, a quien se le ha proveído de todo y que posee un magnífico trono. He encontrado a ella y a su pueblo postrándose ante el Sol; el demonio les ha convencido y les ha desviado del camino, ya no pueden encontrar el camino recto. Adoran a algo creado por Dios como si fuera dios».

La abubilla se calló para respirar un poco. Salomón notó que ella escogía las palabras con mucha atención para ser persuasiva. Acabó sus palabras con las frases que siempre empleaba Salomón: «¿Por qué no se postran ante Dios que es Quien hace salir lo que está escondido en los Cielos y en la Tierra y sabe lo que ocultan y lo que muestran? ¡Sólo existe Dios, no hay dios excepto Él, es el Señor del Trono inmenso!»

La abubilla repitiendo las frases de Salomón intentaba convencerle de que le estaba diciendo la verdad. Salomón le dijo sonriendo: «Veremos si es verdad lo que dices o si eres de los que mienten».

La abubilla quería decirle que estaba diciendo la verdad pero al ver que Salomón se había callado no dijo nada para no hacerle enfadar. Salomón estaba pensando. Escribió una carta rápidamente y dandosela a la abubilla le dijo: «Lleva este escrito mío y déjalo caer en la habitación de esa reina. Luego retírate y espera su reacción. Después regresa aquí para contármelo todo».

La abubilla lo tenía en el pico y todavía no podía creerse el haberse salvado. Al cabo de unas horas regresó al palacio de Salomón y empezó a contarle todo lo que había visto y oído.

— Al llegar al Reino de Saba dejé su escrito en la habitación de la reina. Cuando ella lo leyó frunció el ceño y ordenó reunir el consejo de nobles. Cuando ellos se reunieron yo estaba escondida entre los adornos del techo donde nadie podía verme y los escuchaba. Me he enterado de que la reina se llama Belkis.

Belkis le dijo a sus visires:

— Me han enviado un distinguido escrito. Es de Salomón, empieza su carta en el nombre de Dios, el Misericordioso, el Compasivo y nos exige que nos sometamos sin orgullo.

Ella siguió diciendo:

— ¡Consejo de nobles! Dadme un juicio sobre este asunto, no tomaré ninguna decisión hasta que no os pronunciéis.

Ellos dijeron:

— Nosotros tenemos la fuerza y un poderoso ataque, pero tuya es la decisión, estudia con atención pues lo que vas a ordenar.

Después de pensar un poco la reina dijo:

— No tengamos prisa. No es necesaria una guerra ahora. Además no sabemos la fuerza de Salomón. Cuando los reyes entran en una ciudad la arruinan por completo humillando a sus habitantes poderosos. Así es como actúan. Mandémosle un regalo para conocer su país y esperemos las noticias que nos traerán de vuelta los mensajeros. Entonces quizá podamos comparar entre nuestro poder y el suyo.

En cuanto la abubilla acabó sus palabras Salomón le dijo:

— Ya puedes irte a tu tienda.

En unos días llegó el regalo de Belkis. Lo había traído uno de sus visires. En el comité estaban los hombres más importantes del reino también. Su intención era saber el poder de Salomón. Él no necesitaba manifestar su fuerza ya que era obvia... por eso se comportaba de manera muy natural.

En vez de obedecerle le habían traído una bandeja de oro ¡pero él no necesitaba oro! ¡Ya lo tenía de sobra! Era tan rico que pavimentaba de oro los suelos de sus palacios. ¿Creían que podían engañarle con una bandeja de oro?

Salomón se levantó y les dijo a los mensajeros de Belkis que no aceptaría su regalo. O se hacían creyentes de la Única Deidad, Dios, dejando de adorar al Sol sin resistirse o tendrían que enfrentarse con un ejército muy poderoso.

Un día Salomón estaba sentado con sus visires. Les dijo:

— ¿Cuál de vosotros me traerá el trono de Belkis antes de que ella y su pueblo vengan a mí sometidos?

Uno de los genios, un ifrit, dijo:

— Yo te lo traeré antes de que te levantes de tu asiento, tengo fuerza para llevarlo a cabo y soy digno de confianza.

Salomón se iba a levantar en dos horas y el genio lo iba a traer en una hora. Salomón se quedó callado y esperó a que hablaran los demás. Y dijo el que tenía conocimiento del Libro, un sabio genio: «Yo te lo traeré en un abrir y cerrar de ojos».

Salomón cerró los párpados. En cuanto los abrió vio que el asiento estaba ahí. Él era consciente de esas bendiciones que Dios le daba. Sí, uno de sus hombres pudo traer el asiento de Yemen a Palestina. Su corazón se llenó de agradecimiento y les dijo a los que estaban a su alrededor:

— Sin duda todo esto es una bendición de Dios. Mi Señor me está probando para ver si estaré agradecido o seré ingrato con él. No hay duda de que Mi Señor no necesita nuestros agradecimientos sino que somos nosotros los que necesitamos su gracia.

Salomón mandó hacer algunos cambios en el trono de Belkis para ponerla a prueba. Y cuando ella llegó al palacio, le preguntaron:

— ¿Es así tu trono?

Ella se estremeció ante lo que veía. Se parecía a su trono pero no podía ser el mismo. ¿Sería posible que su trono llegara ahí desde Yemen antes que ella? Además era diferente, solamente esos cambios tardarían meses en realizarlos. ¿Cuándo había sucedido todo esto? Salomón pretendía mostrarle la senda que iba a Dios. Los habitantes del Reino de Saba se creían superiores a los demás en ciencia y tecnología. Y ahora veían cuan atrasados estaban.

Salomón hizo construir un palacio para recibir a Belkis. El suelo del palacio era de cristal transparente, y debajo corría el agua. Los que pasaban por ahí podían ver los peces y las plantas del mar. El cristal era tan brillante y transparente que era imposible percibirlo.

Al llegar a la puerta del palacio Belkis vio el agua pero no notó el cristal. Pensó que había entrado en el agua y para no mojar a su falda la subió un poco para arriba, se remangó el vestido. Entonces Salomón dijo:

— El suelo de este palacio es de cristal.

Belkis era una mujer lista. Se dio cuenta de que estaba frente al soberano más imponente y el profeta que Dios envió como mensajero y dijo:

— ¡Señor Mío! Sin duda yo hasta ahora he sido injusta conmigo misma pero me someto ahora, junto con Salomón, a Dios, el Señor del Universo.

Después de decir esas palabras Belkis se hizo una de los creyentes.

La vida de Salomón estaba llena de milagros; su fallecimiento también fue un milagro. Un día entró en su habitación para rezar. Se apoyó sobre su vara y empezó a hacer sus plegarias.

Por deseo de Dios se murió de esta manera. Durante un tiempo se quedó muerto de pie. Nadie se dio cuenta de su fallecimiento. Incluso los genios que siguieron trabajando pensaban que estaba vivo.

Y un día entró en la habitación de Salomón una hormiga que siempre roía la madera. Le pidió permiso para roer su vara; como tenía mucha hambre, aunque no recibió respuesta, empezó a roerla.

Entonces el cuerpo inanimado de Salomón perdió el equilibrio y se cayó al suelo. Los humanos creían que los genios sabían el futuro. Sin embargo, ellos ni siquiera pudieron notar el fallecimiento de Salomón, si no, habrían corrido de inmediato dejando el duro trabajo humillante que hacían, ya que cuando se dieron cuenta de que él había muerto se fueron dejándolo todo.

Salomón había muerto. Su última exhalación fue ante Dios. Los cielos lloraron por él; la Tierra, los humanos, los pájaros lloraron. Hasta esos pequeños insectos que son las hormigas lloraron por él...

# EL PROFETA JOB

## (Que la paz y las bendiciones de Dios sean con él)

L a vida es indiscutiblemente una cadena de pruebas. Y para los humanos las pruebas empiezan desde la infancia. Los seres humanos se hacen puros, llegan a su origen, maduran y llegan a ser muy fuertes para enfrentarse con situaciones difíciles. Sería imposible distinguir el oro del carbón, si no existieran las pruebas.

La vehemencia de la prueba es directamente proporcional a la grandeza de la persona. Las pruebas más difíciles son las de los profetas. Dios había puesto a prueba a Job[17] con una enfermedad muy grave.

Job era un siervo muy recto. Dios deseó ponerlo a prueba con su familia, sus bienes y su cuerpo. Sí, en una época era un hombre muy rico y respetable; pero después perdió toda su riqueza y se quedó en la miseria más absoluta. Poco después perdió a su familia y se quedó solo. Además tenía una enfermedad muy grave y sufría mucho. Pero a pesar de todo Job nunca se rebeló ni dejó de rezar, al contrario, siempre tuvo paciencia y se acercó más a Dios.

La riqueza tiene sus responsabilidades y dificultades. Job superó la prueba soportándolas. Ahora era la hora de la prueba de la pobreza. Y también la aprobó con el permiso de Dios. Tenía una familia grande y eran muy felices, algo que también tenía sus dificultades; pero Job las superó. Ahora estaba solo y pasaría el examen de soledad.

Hubo una época en que tenía un cuerpo sano. Y Dios lo había puesto a prueba con eso. Él siempre estuvo agradecido por las bendiciones. Incluso cuando la enfermedad le cubrió todo el cuerpo siguió dándole gracias a Dios y tuvo paciencia. Así que también lo superó. Él se

---

17    En el Corán es nombrado como «Eyyub».

había dirigido a Dios. No se curaba su enfermedad, la pobreza era insoportable y la deslealtad de la gente le dolía mucho. Tenía sólo tres amigos: la enfermedad, la pobreza y soledad. Pero él había producido unos alternativos: la paciencia, el agradecimiento y la oración...

Un día el demonio se le apareció y le dijo:

— ¡Oh Job! La única razón de todos los dolores que sufres soy yo. Si un día dejas de agradecerle a Dios, créeme que vas a curarte de tu enfermedad, rebélate y deja la paciencia... es inútil tener paciencia.

Job le echó del cuarto gritándole:

— Lárgate de aquí y no te me aparezcas nunca más. No voy a renunciar a la paciencia, el agradecimiento ni las oraciones aunque sea sólo por un instante.

El demonio salió desesperado del cuarto. Job estaba furioso. ¿Cómo se podía atrever el diablo a pedirle tal cosa? Esta vez el demonio fue a ver a la esposa del profeta. Ella era una mujer fiel; no había abandonado a su marido después de que perdiera sus bienes y se pusiera enfermo. Pero al fin y al cabo ella también era un ser humano y todos tenían sus momentos débiles. El diablo habló con ella, la tentó haciéndola desesperar y la mujer por un momento pensó que el diablo tenía razón. Aquel día la mujer le dijo a su marido:

— ¿Hasta cuándo Dios te va a torturar de esta manera? Perdiste tus bienes, a tu familia y tu salud. ¿Por qué no le pides a Dios que te cure de esta enfermedad?

Job, el héroe de la paciencia, se puso furioso al escuchar esas palabras de su mujer y le dijo:

— ¿Cuántos años vivimos en abundancia?

— Ochenta años.

— ¿Y cuántos años vivimos en miseria y con enfermedad?

— Siete años.

— He vivido ochenta años en abundancia y siete años en miseria. Así que me da vergüenza pedirle a Dios que me salve de esa situación. Te falta la fe y confianza en el destino. Cuando me recupere, juro que te voy a dar cien azotes.

Una noche, cuando todo el mundo estaba durmiendo, salió de su casa y subió a las montañas.

Iba a tener paciencia con la enfermedad aunque se empeorara. Pero un día las heridas empezaron a impedirle hacer las plegarias y entonces Job se dirigió a Dios y le dijo:

— ¡Señor mío! La enfermedad se ha interpuesto entre Tú y yo. ¡Qué aflicción tan grande es no poder decir Tu nombre! ¡Dios Mío! Tú eres el Dueño de la Misericordia Eterna. Protégeme de las cosas que me van a alejar de Ti.

Job mientras rezaba, estaba llorando. De repente se oyó una voz que rompió el silencio de la noche. Le decía a Job:

— Golpea el suelo con tu pie... ahí tendrás agua fresca para lavarte y para beber.

El Profeta de la Paciencia dio un golpe al suelo con su talón... de repente surgió agua de la tierra, fresca, pura y clara. Tenía un sabor muy agradable y era imposible saciarse. Job por un lado bebía del agua y por el otro se lavaba el cuerpo. Al cabo de muy poco tiempo vio que las heridas se curaban y volvió a sentirse vivo como antes. También le había bajado la fiebre el agua bendita que le había curado las enfermedades.

Muy pronto recuperó a su familia. La Misericordia Divina los había hecho regresar; el Profeta de la Paciencia ya no estaba solo.

Job había jurado que cuando sanara le daría cien azotes a su mujer. Pero Dios sabía que él no quería hacer eso en realidad. Al sanar, Dios le inspiró en la idea de coger cien ramas, hacer un haz y darle un sólo golpe con ellas, aliviándolo a él de su juramento y a ella del castigo.

Dios, para recompensar la paciencia de Job, lo elogia en el Corán con las frases siguientes: «Es verdad que lo hallamos paciente. ¡Qué excelente siervo! Él se dirigía continuamente a su Señor».

El Corán lo describe con la palabra «evvab» que significa «el que se dirige mucho a Dios con paciencia y letanías». La paciencia de Job le había hecho aprobar la prueba. Después de aquel día todos los enfermos se acordaron de su paciencia y de sus súplicas.

El Profeta de la Paciencia nos enseñó qué fuerza tan grande es la paciencia en su estado puro. Y también nos demostró que las enfermedades espirituales son peores que las del cuerpo. Ya que las enfermedades corporales nos dañan en este mundo pero las del espíritu nos harán daño en la otra vida. La medicina de las enfermedades espirituales es siempre recordar a Dios y obedecerle...

# EL PROFETA JONÁS

## (Que la paz y las bendiciones de Dios estén con él)

Job tuvo su lugar en la historia como «el Profeta de la Paciencia». Él se había salvado de su grave enfermedad gracias a su paciencia. Y la salvación de la difícil situación en la que se encontraba Jonás[18] fue gracias a sus súplicas. El Corán cuando le menciona a veces usa el nombre de Jonás y otras veces «Ze'n-Nûn» o sea «el dueño de los peces».

Era uno de los profetas elegidos con gran cuidado por Dios. Vivía en una zona llamada Ninova y ahí les daba consejos a las personas, les recordaba lo horroroso que sería el Día del Juicio Final y el infierno; les hablaba de la vida maravillosa que les esperaba en el Cielo, les llamaba a hacer el bien y venerar a Dios, el único Dios. Pero todo fue en vano... nadie le creía.

Los años pasaron...

Jonás persistía en su misión como profeta pero su gente seguía sin creerle. Hizo todo para convencerlos y al final se dio cuenta de que ninguno de ellos lo iban a creer. Le dolía mucho ver que la gente prefería ir al infierno. Era evidente que el corazón de su pueblo estaba sellado.

Jonás se acordó de los profetas anteriores a él y de su gente insistente en la incredulidad. Dios, como siempre, al cabo de un tiempo arruinaba a estas gentes. Pensó en la gente de Noé, de Salih y de Hûd. Todos se rebelaron contra Dios e insistieron en su blasfemia. Y el fin de todos ellos fue horroroso. Pensó que le podría pasar lo mismo a su gente también. La ira divina los podía castigar en cualquier momento. Pensó que ya había terminado su misión y por eso decidió abandonar la ciudad.

---

18    En el Corán es nombrado como «Yunus».

Mientras abandonaba la ciudad sin mirar atrás, se desencadenaba una voragine de sentimientos en su interior. Estaba enfadado y triste. Pretendía ir a otra ciudad en un barco cuando llegara a la costa. Quizá en otros lugares podría encontrar a personas que le creyeran. Jonás también pensaba que la Voluntad Divina le indicaba eso. Sin embargo, Dios no le había dado la orden de abandonar la ciudad; debió esperar hasta recibirla.

El Sol avanzaba hacia el horizonte, hacia el oeste. El barco en el que Jonás iba a viajar se había anclado en un pequeño puerto. Mientras esperaba la hora de salida del barco, vio un pequeño pez que no sabía adónde ir entre las olas que golpeaban las rocas. Intentaba escaparse pero no podía conseguirlo. Al final el pequeño pez se murió. Al ver esa escena Jonás se sintió muy mal. Se dijo: «Si hubiera estado con otro pez más grande a lo mejor se podría haber salvado».

Después pensó en su propia situación. ¡Cómo pudo abandonar a su gente! Ellos lo necesitaban. Se acordó de su obstinación. Se puso muy triste y empezó a llorar. Había preparado su fin con sus propias manos.

Cuando llegó la hora, subió a bordo del barco. Cuando el capitán vio el mal estado de Jonás, tuvo miedo de que a lo mejor pudiera ser un delincuente fugitivo. Sólo para impedirle el viaje le dijo un precio mucho más alto de lo normal para los billetes. Jonás pagó el precio porque quería irse... alejarse del país de la gente con alma oscura.

En un sitio oculto del mar, mientras el barco de Jonás seguía a su viaje, se desencadenó una tempestad. Las gigantescas olas golpeaban al barco con toda su fuerza. El barco estaba a la deriva. Al poco tiempo las olas rompieron los mástiles y las velas del barco. El mar furioso arrastraba todo lo que se ponía delante de él, no tenía compasión alguna. El capitán gritó: «Nunca he visto una tormenta así de intempestiva. Es obvio que hay un pecador entre nosotros y esa tormenta es por su culpa. Para encontrarlo vamos a echar a suertes quién se va; vamos a arrojar por la borda al que salga elegido».

Esa era una tradición que tenían los marineros. No era muy lógico pero se hacía en aquellos días. El nombre de Jonás estaba en la lista. Lo hicieron otra vez y de nuevo salió su nombre. La tradición era así, lo hacían tres veces y el hombre cuyo nombre salía tres veces se arrojaba al mar. Cuando lo hicieron por tercera vez otra vez salió el nombre de Jonás. Las profundas miradas llenas de duda le estaban abarcando como una camisa de fuego. Le palpitaba el corazón con fuerza al escuchar por tercera vez de la boca del capitán su nombre.

Cuando lo llevaron a la borda del barco para tirarlo al mar, Jonás se dio cuenta de su error, no debió abandonar su país sin el permiso claro de Dios. Jonás miró a las gigantescas olas que sobresalían por encima de la madera, la noche era muy oscura. En el cielo no había Luna ni estrellas; estaba envuelto en nubes oscuras. Solamente había un mar sin fin y frío, nada más. Entre los truenos y el sonido de las olas se escuchó la voz del capitán: «¡Oh forastero! Salta al mar, ¡venga!» Y Jonás saltó al mar.

Justo en ese momento Dios les ordenó a los grandes peces subir a la superficie del mar. Un enorme pez lo vio luchando con las olas y sonrió. Dios le había mandado la cena. Se dirigió hacia Jonás y se lo tragó de un bocado. Poco después, complacido por haber comido, volvió a las profundidades del mar.

Jonás quedó asombrado cuando vio que estaba en el estómago de un pez. ¡Dios mío! Jonás estaba en el estómago del pez... el pez se encontraba en las profundidades del mar y el mar estaba en medio de toda oscuridad.

Tres mundos oscuros... La oscuridad interior del pez... La oscuridad de las profundidades del mar... La oscuridad de la noche...

Jonás pensó que se había muerto. Intentó mover sus manos; sí, podía moverlas. Estaba vivo, no había fallecido pero estaba preso en las oscuridades. No había ningún remedio para salvarse de ahí. Solamente existía Dios, Quien había creado y enviado el pez, el mar y la noche. Y Él era suficiente para todo.

Jonás empezó a llorar y a decir el nombre de Dios, primero con el corazón después con la boca. En el estómago del pez hacía eco su voz... «¡Oh Dios! ¡No hay más deidad que Tú! Tú estás libre de toda falta. ¡El más Elevado, el más Grande y el más Hermoso eres Tú! Yo me equivoqué, ¡perdóname!»

¡Qué voz tan maravillosa era la que subía del estómago del pez! Jonás estaba tumbado de espaldas dentro de éste. A pesar de eso no dejó de suplicarle a Dios. Poco después, el pez se cansó de ir boca abajo y se zambulló, se tumbó de espaldas y se quedó dormido.

Jonás no dejó de rezar. No paraban sus lágrimas ni sus lamentos. Decía: «Dios mío, me equivoqué, perdóname». No comía ni bebía y tampoco se movía. La única cosa que se le movía era el corazón y la lengua. Ayunaba. Y su única comida era el arrepentimiento, las lágrimas y sus súplicas que se elevaban desde las profundidades del mar al cielo.

Poco después, los peces, las algas y el resto de seres vivos que se encontraban en el mar escucharon su voz. Cuando llegaron a la fuente de la voz no se lo pudieron creer. La voz venía del interior del pez que estaba ahí tumbado. Todos los peces se reunieron y empezaron a decir el nombre de Dios todos juntos.

El pez que había tragado a Jonás se despertó con esas voces. ¡Qué escena más maravillosa! Como si hubiera una fiesta en las profundidades del mar. Todos los peces, los corales y las algas se habían reunido y estaban elogiando a Dios al unísono como en una orquesta perfecta.

Al principio no pudo entender lo que pasaba. Pero cuando escuchó la voz que subía de su estómago, se dio cuenta de que había tragado a un profeta y se asustó. Después se dijo a sí mismo: «¿Por qué he de tener miedo? Me lo ordenó Dios, Él sabe lo que hace» y él también participó del conjunto.

No sabemos cuánto tiempo se quedó Jonás en el vientre del pez. La única cosa que sabemos es que durante el tiempo que permaneció ahí, no dejó de repetir: «¡Oh Dios! ¡No hay más deidad que Tú! Tú estás libre de toda falta. ¡El más Elevado, el más Grande y el más Hermoso eres Tú! Yo me equivoqué, ¡perdóname!»

Jonás había probado que era sincero en su arrepentimiento. Todos los seres tanto en la Tierra como en el Cielo aprendieron de él cómo arrepentirse sinceramente. Después, Dios le ordenó al pez que subiera a la superficie y que dejara a Jonás en una costa antes determinada. El pez cumplió la Orden Divina.

Cuando Jonás se despertó, se encontró en la orilla de una isla. Le dolía todo el cuerpo por el ácido del estómago del pez. Estaba indispuesto. Poco después, salió el Sol. Cuando los rayos del Sol le tocaron el cuerpo, sentía un dolor horrible. Casi iba a gritar. Pero no lo hizo, y empezó a suplicarle a Dios que le curase. Poco después, Dios hizo crecer un árbol con hojas muy grandes para protegerle del Sol. Con el tiempo se curaron sus heridas y Dios le ordenó que regresara a su país.

La escena que vio al volver a Ninova le sorprendió mucho. Porque su gente se había hecho musulmana. La desaparición de Jonás los había asustado así que decidieron arrepentirse. Más de cien mil personas tuvieron fe en Jonás. La verdad es que lo que salvó a Jonás del vientre del pez fue su sincero arrepentimiento.

Dios en el Corán — revelado muchos siglos después de Jonás—, cuando describe su situación dice: «De no haber sido porque era de los que glorificaban, habría permanecido en el vientre del pez hasta el día de la Resurrección».

# EL PROFETA UZAYR

## (Que la paz y las bendiciones de Dios estén con él)

Era un día de calor sofocante. El pueblo de Uzayr vivía uno de los apacibles días de verano. Uzayr pensó que su huerto estaba a punto de secarse por la sequía. El huerto estaba lejos del pueblo y en el camino que iba hacia allí antes había una ciudad ostentosa que se había arruinado a causa de un desastre y dio lugar a un cementerio.

Uzayr pensaba que los árboles sufrían por la sequía y decidió regarlos. Él era un profeta enviado a los israelitas. Era una persona sabia. Al mediodía montó en su asno y se puso en camino. Al llegar al huerto vio que los árboles se habían vuelto amarillos y la tierra estaba seca. Regó el huerto y recogió uvas e higos. Los puso en su cesta y volvió a su pueblo.

En el camino pensaba en lo que tenía que hacer al día siguiente. Antes que nada iba a sacar el Antiguo Testamento de donde lo guardaba y lo iba poner en el templo. El día anterior los enemigos habían atacado el pueblo para obtener el Libro, ¡cuánto se había esforzado su gente para protegerlo! Los enemigos querían atraparlo. Se acordó de su hijo, de su agradable sonrisa. Estaba impaciente por abrazarlo y darle besos en sus mejillas.

El calor era insoportable. El asno estaba cansado y el sudor le empapaba por completo. Tanto que parecía estar mojado en un río. Cuando llegaron al cementerio el asno aflojó el paso. Uzayr se dijo «no estará mal si descanso un poco, así el pobre animal también descansa mientras yo almuerzo».

Uzayr se paró cerca de una casa arruinada y bajó del animal. Todo el pueblo entero estaba en ruinas. Sacó un plato de su alforja y se sentó en la sombra. Sacó dos racimos de uva y los exprimió en el plato. Después echó trocitos de pan viejo. Se apoyó contra una pared, extendió las piernas y empezó a esperar a que se secaran los trocitos de pan. Mientras tanto contemplaba el paisaje.

Había un silencio sepulcral... Las paredes de las casas arruinadas estaban casi derribadas. Las columnas estaban a punto de caer. Las hojas de los pocos árboles que había estaban secas. Por todas partes en la tierra había huesos de los muertos.

Uzayr sintió la frialdad estremecedora de la muerte y se dijo a sí mismo: «¿Cómo Dios podrá resucitar a estos muertos? ¿Cómo Dios podrá darles vida otra vez después de que se pudran y se conviertan en tierra?» No tenía ninguna duda del poder de Dios. Sabía que Dios era capaz de hacerlo; él solamente se asombraba ante esa situación. Y al terminar sus palabras se murió allí mismo.

Dios mandó al ángel de la muerte para que tomara el alma de Uzayr. Cuando el asno vio que su dueño estaba tumbado sin moverse, él también se tendió al lado de Uzayr y permaneció así hasta que se pusiera el sol. Al día siguiente intentó levantarse pero no pudo. Era como si estuviese atado al suelo. Quedó así hasta morirse de hambre.

Cuando la gente de Uzayr vio que tardaba en llegar fueron a buscarlo a su huerto. Pero no lo hallaron ahí. Miraron por todos los lugares adónde podía haber ido pero fue en vano, formaron equipos para buscarlo pero no lo encontraron ni a él ni a su asno.

La gente que lo buscaba pasaba por el cementerio donde murió Uzayr pero no se quedaba mucho tiempo allí porque todo estaba en silencio y olía a muerte. Si Uzayr estuviera allí, lo oirían. Además ese cementerio era estremecedor. Por eso nadie se atrevía a entrar ahí.

Después de unos días la gente ya estaba desesperada. Sus hijos estaban muy tristes porque ya no podrían ver a su padre y su mujer lloraba pensando que iba a vivir sola. Sin embargo, el tiempo seca las lágrimas y calma los dolores. Llegó un día en que ya nadie lloraba por él; todos volvieron a su rutina.

Pasaron cien años. Y un día Dios deseó que Uzayr se despertara. Para que se le diera la luz de la vida mandó al Arcángel Gabriel. Quería demostrarle cómo podía resucitar a los muertos. Hacía cien años que Uzayr había muerto. A pesar de sus huesos repartidos por todas partes se le vistió de carne de nuevo. Se le cubrió la carne con piel y poco después se le insufló alma a su cuerpo con el permiso de Dios. Entonces Uzayr se levantó con vida de donde estaba tumbado.

Se sentó frotándose los ojos. Se había despertado del sueño eterno después de cien años. Miró a su alrededor y vio el cementerio. Se acordó de que se había dormido. Sí, se había quedado dormido en el cementerio en el camino de regreso a su pueblo. Había dormido al mediodía y ahora el Sol estaba a punto de ponerse. Se dijo: «He dormido bastante, desde el mediodía hasta la tarde».

El Arcángel Gabriel, que lo había despertado, le preguntó:

— ¿Cuántas horas has dormido?

— Quizás un día o menos.

El Arcángel dijo:

— No, has dormido cien años. Estabas muerto desde hacía cien años. Falleciste asombrado al pensar cómo Dios podría resucitar a los muertos y ahora Él te ha resucitado.

Uzayr sintió que el sentimiento de asombro y horror había dado lugar a una fe muy profunda. Gabriel señaló a los alimentos y dijo:

— ¡Mira tu alimento y tu bebida! No se han echado a perder.

Uzayr miró al higo; estaba como él lo había dejado; el color, el sabor y el olor no habían cambiado. ¿Cómo era posible esto? Miró al plato en el que había echado pan y también estaba ahí; no le había pasado nada al zumo de uva y los trocitos secos de pan esperaban a suavizarse en él.

Uzayr estaba asombrado. Aunque habían pasado cien años el zumo no se había estropeado cuando normalmente se estropeaba en unas horas. Gabriel notó las dudas que tenía y le señaló a su asno y le dijo:

— Mira a tu asno.

Uzayr volvió la vista hacia donde estaba su asno pero no pudo ver nada más que unos cuantos huesos. Gabriel añadió:

— Querías saber cómo resucita Dios a los muertos ¿no? Entonces mira a la tierra. Esa tierra antes era tu montura.

Gabriel con el permiso de Dios llamó a los huesos del asno; estos se juntaron y formaron el esqueleto del animal. Después Gabriel ordenó a las venas y la carne que volviesen a ser como antes.

Entonces, en ese preciso momento, los huesos del animal se cubrieron de carne. Poco después aparecieron piel y pelos encima de la carne. El asno muerto estaba tumbado en el suelo. Gabriel le ordenó al alma que vistiese el cuerpo. El animal se levantó cuando se le dio vida. El asno empezó a rebuznar y mover la cola; estaba a punto de morirse de hambre y por eso rebuznaba.

Uzayr había presenciado un milagro maravilloso de resurrección y se dijo: «Ahora sé que Dios es omnipotente».

Uzayr montó en su asno y se puso en camino hacia el pueblo. Dios deseó que él fuera un milagro para su gente. Los que lo vieran iban a creer en la vida después de la muerte.

Uzayr cuando llegó a su pueblo, se sorprendió mucho. ¿Qué le había pasado a este pueblo? ¿Era posible que hubiese cambiado tanto? Las casas, las calles, la gente y los niños... todos habían cambiado. No conocía a nadie que veía en la calle. Cuando Uzayr salió de su pueblo, tenía cuarenta años. Y ahora ciento cuarenta. Y estaba tal y como era antes, sin ningún cambio en su apariencia. Sin embargo, el pueblo había vivido cien años y durante todo este tiempo habían pasado muchas cosas. Algunas casas se habían derribado totalmente y se había construido otras nuevas en su lugar.

Uzayr pensó: «Tengo que encontrar a algunos ancianos que se puedan acordar de mí». Buscó mucho y al final encontró a su sirvienta que tenía veinte años cuando el murió. Ya había cumplido ciento veinte años.

Uzayr se acercó a ella y le preguntó:

— ¿Sabe dónde está la casa de Uzayr?

La mujer empezó a llorar al escuchar el nombre de Uzayr y le contestó:

— Todo el mundo lo olvidó. Hace cien años salió de su casa y no volvió nunca más. ¡Qué la paz sea con él!

Uzayr le dijo a la mujer:

— Uzayr soy yo, ¿no me has reconocido? Dios me resucitó después de haber estado muerto durante cien años.

La mujer le miró con cara de asombro. No se lo podía creer. Y le dijo:

— Dices que eres Uzayr. Dios aceptaba sus súplicas. Entonces suplícale a Dios que me abra los ojos y me devuelva la fuerza de antes.

Uzayr levantó las manos hacia el cielo y le pidió a Dios que le abriera los ojos y pudiese caminar. Y se realizó el milagro. La mujer volvió a ver, se sentía fuerte como antes. Miró a la cara de Uzayr con mucha atención; sí, era él de verdad. La vieja mujer empezó a correr por las calles gritando: «¡Uzayr ha vuelto! ¡Uzayr ha vuelto!»

Al oír esas palabras la gente quedó asombrada y pensó que la mujer se había vuelto loca. Poco después se juntó la asamblea de los sabios. Entre ellos estaba el nieto de Uzayr. Su padre había muerto y él tenía ochenta años. Pero su abuelo Uzayr aún tenía cuarenta. Toda la gente del pueblo junto con los sabios escuchó la historia de Uzayr, no sabían qué decir. ¿Deberían creerle o no? Uno de los sabios le preguntó a Uzayr:

— Según lo que escuchamos de nuestros ancestros Uzayr era un profeta y había escondido el Antiguo Testamento para que los enemigos no lo destruyeran. Si nos dices el lugar dónde lo había escondido te creeremos.

Uzayr les contestó diciendo:

– Esto es muy fácil. Yo recuerdo muy bien dónde lo había puesto.

Y los llevó donde había escondido el Libro, él iba delante y los otros detrás. Las páginas del Libro se habían puesto amarillas. Uzayr escribió de nuevo el Libro aprovechando lo que quedaba del antiguo. Entonces todas las personas creyeron que Dios lo había resucitado después de haber estado muerto cien años. Uzayr fue un milagro para la gente.

Cuando Uzayr murió los judíos dijeron:

– Uzayr es el hijo de Dios.

Dios está muy lejos de esas calumnias por que Dios en el Corán nos dice: «Di: Él es Dios, el Uno. Dios, el Señor Absoluto, a Quien todos se dirigen en sus necesidades. No ha engendrado ni ha sido engendrado. Y no hay nadie que se Le parezca».

# LOS PROFETAS ZACARÍAS Y JUAN

## (Que la Paz y las bendiciones de Dios estén con ellos)

E ra una época muy interesante. Miles de doctrinas opuestas luchaban entre si, el bien y el mal caminaban juntos. Mientras la fe en Dios rodeaba el templo de Jerusalén como un halo de luz, la mentira y la fraudulencia estaban de moda en las tiendas cerca del templo. La eterna lucha entre el bien y el mal, la luz y la oscuridad, la verdad y la mentira seguía sin cesar. El Profeta Zacarías[19] vivió en esa época.

La descendencia de los padres del Profeta Zacarías se remontaba a los Profetas David y Abraham (la paz y las bendiciones estén con ellos). Era de los últimos de la cadena de los Profetas enviados a los israelitas. Enseñaba el camino recto y predicaba la palabra de Dios en el gran templo de Jerusalén.

Era un Profeta que había asistido a lecciones de ciencias divinas. Tenía un pariente con virtudes teológicas que se llamaba Emran. Emran, que era un imán que hacía celebrar las oraciones en la mezquita, no pudo tener hijos por muchos años. La esposa de Emran y la esposa del Profeta Zacarías eran hermanas.

Un día, por la mañana, cuando la esposa de Emran estaba dándole de comer a los pájaros, empezó a mirar a un nido entre las ramas de un árbol. En el nido, un pájaro intentaba dar de comer a su polluelo. Esa situación le conmovió mucho porque ella no había podido tener un hijo aunque había envejecido mucho. Sintió compasión y deseó tener un niño. Abrió las manos sinceramente y suplicó a Dios que le diera un niño.

---

19    En el Corán es nombrado como «Zekeriya».

En ese momento, las puertas del cielo estaban abiertas y Dios aceptó su deseo. El día que ella comprendió que estaba embarazada, se puso muy contenta. Era una mujer que había dedicado su vida a Dios. Abrió las manos y dio gracias a Dios: «¡Señor Mío! El niño que llevo en el vientre está dedicado a Ti. Servirá a Tu recto camino. ¡Acéptamelo! Tú eres Quien todo lo oye, Quien todo lo sabe».

Es decir, el niño que naciera viviría, rezaría y serviría en el templo. En esos tiempos, solamente se podían dedicar los chicos a los servicios religiosos. Nunca dedicaron las chicas al servicio del templo. Esos chicos servían y aprendían ciencias religiosas en el templo hasta que tuvieran un trabajo y si quisieran podían seguir su servicio allí.

Llegó la hora del nacimiento. Sin embargo, no fue como se esperaba. La esposa de Emran dio a luz a una niña. Estaba sorprendida porque esperaba a un hijo que dedicaría a la veneración de Dios y serviría en el templo. A pesar de eso, decidió ser fiel a su promesa y suplicó a Dios así: «¡Señor Mío! Parí una niña y un varón no es igual que una hembra en los servicios del templo. Le he puesto el nombre de María».

Sus plegarias fueron escuchadas por Dios pues Él es el Omnisciente, Quien todo lo oye, Quien todo lo sabe y escucha a los que susurramos, a los que hablamos y a los que pensamos. Es obvio que Dios sabía bien a quien había dado a luz. Dios decide crear una niña o un niño. La esposa de Emran suplicó que Dios protegiera su hija y la descendencia de ella contra las maldades del Satanás.

Dios aceptó sus deseos y crió a María a manera perfecta porque la sabiduría divina quiso que Ella fuera la más Excelsa Mujer de la Historia de la humanidad. Jesús nacería como un milagro, así como el Profeta Adán había sido creado sin padres y era un milagro, Jesús nacería sin padre. Lo concebiría una madre inocente que nunca se había casado ni había tenido relación con un hombre.

Antes del nacimiento de María, se murió su padre. Cada uno de los sabios del templo quería proteger y criar a María que era la hija de un sabio como ellos y estaba dedicada al templo. Esa carga les honraría mucho. Sin embargo, ¿quién criaría a María? Zacarías dijo:

— Estoy dispuesto a responsabilizarme de criarla pues es sangre de mi sangre. Mi esposa es su tía. Además, yo soy el Profeta de está nación.

Los sabios interrumpieron:

— ¿Por qué uno de nosotros no puede hacerlo? No podemos hacerte el honor de criarla. No nos contentamos con tu decisión.

Por fin, decidieron echar a suertes la tarea de criarla, si no empezaría una discusión sin fin. A quien cayera en suerte, criaría a María. Pusieron a María en el suelo y a su lado las plumas que usaban para escribir la Torá. Luego, trajeron un niño que no estaba enterado del suceso y dijeron que eligiera una de las plumas. El niño eligió la pluma de Zacarías. El Profeta Zacarías dijo:

— ¡Es el veredicto de Dios!

Los otros sabios dijeron:

— No. Tiraremos nuestras plumas al río. La de quien vaya contra la corriente, que él sea el vencedor.

Tiraron las plumas al río. Todas las plumas fueron llevadas por la corriente excepto la de Zacarías. Solamente la pluma de Zacarías fue contra la corriente. No les quedó más remedio que darle a María. Así, Zacarías, el Profeta de los israelitas, tuvo a su cargo esta bella criatura.

María se crió y llegó a la madurez. El Profeta Zacarías le asignó una habitación que llamaba *mihrab* en el templo. La mayoría del tiempo María lo pasaba allí. El mihrab era su pequeño mundo en el que rezaba y estaba sumida en profundos pensamientos. Cuando el Profeta Zacarías iba al mihrab para dar una lección y llevar comida a María, entonces veía diversas comidas allí. Zacarías había comprendido que esa niña no era normal y sería una buena sierva, obediente ante Dios. La habitación de María estaba llena de frutas del invierno en verano y frutas del verano en invierno. Cuando Zacarías preguntaba de dónde venían las frutas, María decía cada vez que eran de Dios. Eso se repitió muchas veces.

El Profeta Zacarías había envejecido mucho. Tenía el pelo blanco y su cuerpo era muy débil y cansado. Su esposa estaba muy vieja también. Además, la mujer era estéril y no había podido dar un niño a su marido. El Profeta Zacarías quiso mucho tener un hijo que aprendiera las

ciencias y la sabiduría, enseñara el recto camino a su gente y llamara a
la gente a Dios. No había hablado de ese tema con nadie, ni siquiera con
su esposa. Sin embargo, lo sabía Dios que conoce todo lo que está oculto o secreto.

Ese mañana, Zacarías fue al templo, al mihrab de María. Al ver las
frutas tempranas, preguntó a María:

— ¡María! ¿De dónde sacas esta comida?

— Son de Dios. Dios da sustento abundante a quien quiera.

Zacarías regresó emocionado al templo y abrió las manos a suplicar. El Poder que da los sustentos a María podía dar otros beneficios
también:

— ¡Señor Mío! ¡Eres el Sublime! ¡Eres el Todopoderoso!

El deseo de tener un hijo le hacía sufrir mucho. Zacarías siguió de
este modo:

— ¡Señor Mío! Ya estoy viejo, se me han debilitado los huesos y
tengo el pelo blanco como las llamas blancas. ¡Señor Mío! Sé que me da-
rías cualquier cosa que quiera de Ti. La verdad es que estoy preocupado
por las conductas de mis descendientes después de mi muerte. Mi esposa es estéril. ¡Regálame un descendiente de tu Generosidad que me herede a mí y herede de la dinastía de Jacob, y hazlo agradecido!

Zacarías suplicaba en voz baja a Dios que le diera un niño, un niño que sería el heredero del Profeta, de la sabiduría y de la virtud teo-
logal. Es que él temía que se equivocaran en el recto camino de Dios
después de su muerte.

Dios aceptó su súplica. En ese momento, los ángeles le llamaron así:
«¡Zacarías! ¡Enhorabuena! Tendrás un hijo que se llamará Juan[20] ya que
antes nadie tuvo este nombre».

Se puso muy contento al oír la buena noticia porque tendría un hijo especial que nadie había tenido antes. Mientras el corazón le daba saltos de la felicidad dijo así:

— ¡Señor Mío! ¿Cómo puedo tener un hijo, siendo mi mujer estéril y yo un viejo?

---

20   En el Corán es nombrado como «Yahya».

Se asustaba porque era viejo y su esposa era estéril. Los ángeles le dijeron:

— Es así pero tu Señor ha dicho: «Es muy fácil para Mí. ¿No te he creado de la nada antes? Si Dios quiere, sin duda, lo es. No hay nada difícil para Dios. Solamente da la orden de «¡Sé!» y se hace realidad. Además Dios te ha creado de la nada».

El corazón de Zacarías se le llenó con agradecimientos a Dios. Zacarías quiso que Dios le diera un signo, entonces Dios dijo:

— Tu signo será que no podrás hablar a la gente durante tres días.

Zacarías no podría hablar a la gente por tres días. Estaría tan débil que no podría hablar. No estaría enfermo sino sano. Así, comprendería que su esposa estaba embarazada y el milagro de Dios sería real. Entonces, hablaría a su gente con mímica que glorificara el nombre de Dios día y noche.

Un día, Zacarías salió ante la gente e intentó hablar pero no pudo. Comprendió que el milagro divino fue real y sugirió a la gente que glorificaran el nombre de Dios. Él glorificaba las alabanzas de Dios con el corazón. Era muy feliz porque Juan, que los ángeles habían dado su buena nueva, nacería.

Estamos ante un niño que su padre ni su madre le habían puesto un nombre. Dios, que es el Señor del Universo, le otorgó un nombre. Dios le dio al Profeta Zacarías la buena noticia de que su hijo Juan sería sabio, piadoso, de buena voluntad y un gran Profeta. Zacarías estaba muy contento con la noticia. Mientras rezaba por Dios, se le caían las lágrimas, mojando su barba blanca.

El nacimiento de Juan estaba muy cerca. En Palestina era la primavera. Los montes estaban verdes y el cielo claro. La luz plateada de la Luna cubría todos los árboles y los campos. Los rosales estaban llenos de rosas y los naranjos estaban repletos de la flor de azahar que desprendía agradables olores. Los ruiseñores cantaban canciones llenas de alegría. El viento susurraba los significados mágicos de la belleza a los oídos de la creación.

Ese día nació Juan. Su nacimiento era un milagro. Porque Juan nació después de una vida en la que su padre Zacarías había perdido toda esperanza de tener un hijo. Nació tras una buena nueva que hizo tranquilizar el alma de Zacarías, en la mitad de un siglo en el que la inocencia y la bondad estaban en boga pero también la depravación.

En esa época, María representaba la castidad. Sus rezos y súplicas sinceras iluminaban el mihrab que estaba lleno de buenos olores y cerrado al mundo exterior. El templo estaba lleno de los obedientes pero también la depravación estaba muy extendida en las ciudades.

En la época del Profeta Zacarías toda la región de Palestina estaba rodeada por la discordia. Las almas fueron encarceladas por el egoísmo y el deseo de autoridad. Los sabios de los israelitas explotaban la gente en el nombre de la religión y firmaban contratos en secreto con los emperadores tiranos de Roma. El Profeta Zacarías condenaba sus conductas y predicaba los hechos falsos en el templo a las grandes multitudes.

Zacarías se oponía a la maldad y la injusticia. Hablaba de la fealdad de los pecados cuando daba sermones sin ningún temor. Su prestigio, sus actos y sus palabras trastornaban los planes de los interesados. Tenían que desprestigiarle y matarlo. La gente le quería y consideraba sus palabras como criterios.

Los israelitas alzaron una calumnia contra Zacarías para desprestigiarle ante la gente. Se realizaba la intriga del pueblo judío, preparada en la oscuridad de la noche. Todos los malhechores alcanzaron un acuerdo para matar al Profeta Zacarías. Eran los poderosos y los ricos de la sociedad y los rabinos que explotaban la gente en nombre de la religión. Los israelitas matarían a su Profeta. No era el primero ni el último. Habían matado a sus Profetas con sus manos pecadoras también. Los israelitas dijeron que Zacarías cometió adulterio con María con el pretexto de que nació Jesús. Zacarías intentó probar su inocencia pero no pudo. Los israelitas mataron cruelmente a su Profeta. Mientras el alma de Zacarías volaba al paraíso, el asesinato que cometieron los israelitas pasó a la historia como un asunto oscuro.

Luego, los discípulos de Zacarías llevaron su cadáver a Alepo, en la actual Siria y lo enterraron allí.

Hoy, los visitantes de la Mezquita de Emoya en Alepo pueden ver una habitación pequeña en un rincón de la Mezquita. En la habitación, hay una tumba, la tumba de un Gran Profeta, del Profeta Zacarías. Él fue un mártir y marcho al paraíso por culpa de las manos pecadoras de los israelitas.

La niñez de Juan fue diferente de la del resto de los niños. Cuando sus coetáneos decían «¡Vamos a jugar!» él decía «¡No estoy creado para jugar!» Mientras los jóvenes tenían malas costumbres, él era tranquilo y decente. Algunos niños se divertían atormentando los animales pero Juan tenía compasión con ellos, los protegía y ofrecía de su comida. Como resultado, le daba hambre y comía las frutas u hojas recogidas de los árboles. Al crecer, un halo de luz le cubría la cara y la sabiduría, el amor de Dios y la tranquilidad espiritual le llenaba el corazón.

Tenía ganas de estudiar y conocer las ciencias. Cuando creció y maduró Dios le dijo: «¡Juan! ¡Coge el Libro con firmeza!»

Luego le dio la sabiduría e hizo su alma tranquila. Juan fue un Profeta. Daba sermones sinceros y conmovedores en el templo en Jerusalén. Dios le otorgó una gran claridad de juicio cuando era niño. Solucionaba los problemas de la gente, aclaraba los aspectos no entendidos de la religión y enseñaba el recto camino de Dios.

Cada día, los conocimientos de Juan, el hijo del Profeta mártir, aumentaban más. La compasión en su corazón cubría a todas las criaturas.

El Profeta Juan no se casó. Sacrificó su vida por el camino de Dios, la veneración y predicar la palabra de Dios. Vivió en las tierras de Siria, Palestina y Jordania. Llamaba la gente a creer en el Único Dios y prepararse para el día del Juicio Final. Sus palabras hacían eco en los valles palestinos, su voz daba vida a los montes y las colinas de Siria y las montañas rojas de Jordania llevaban sus llamadas a los desiertos amplios.

El Profeta Juan abandonó la ciudad y fue al desierto, subió las montañas y tuvo una vida ascética en las cuevas. Sobrevivió comiendo hojas de los árboles y bebiendo agua de los ríos. Dijo a cualquiera que se encontraba que la soberanía de Dios estaba cerca. Su fuerte voz hacía eco en todas las montañas y los valles. Llamaba la gente a arrepentirse de los pecados.

Mucha gente oyó su llamada y vino a verle. Por fin, decidió formar un hogar cerca del río Jordán.

El lugar en el que Juan llamaba a la gente a purificar sus almas era Magtas. Era el río santo de Jordania. Después de limpiarse los cuerpos de los que vinieron a arrepentirse, Juan les sugería purificar sus almas son las súplicas y lágrimas. Se congregaron miles de personas de Jerusalén, de Eriha, de Siria y de diferentes partes del mundo para limpiar sus cuerpos con las manos benditas de Juan y purificar las almas con sus palabras celestiales. Si escucháis a las montañas de allí y los murmullos de agua del río, susurrarán muchas cosas de Juan.

El amor de Juan cubría todos los corazones. La gente acudió a la llamada de Juan en el desierto. Al verle los animales salvajes entendían que era Juan, el Profeta de Dios. Inclinaban las cabezas y le protegían cuando dormía. A veces, cuando él comía se le acercaban y comían de su comida. Entonces, el Profeta Juan sentía lástima por ellos y les ofrecía toda la comida. Antes de saciar el hambre prefería saciar todos sus deseos espirituales, rezaba y suplicaba a Dios. Pasaban las noches con lágrimas en los ojos, recitando los Nombres más Bellos de Dios y dándole gracias. La sinceridad que fluía de sus palabras y actos llegaba a los corazones de los seres humanos y les hacía deshacerse en lágrimas. La sinceridad esforzaba sus palabras y su salida del corazón como un grito sincero.

Un día, toda la gente fue al templo cuando oyó que el Profeta Juan iba a dar un sermón. El templo estaba lleno hasta rebosar. Juan empezó a hablar: «Nuestro Señor dio cinco órdenes:

*Venerad a Dios rechazando los ídolos*. El que adora algo o alguien que no sea Dios es como un esclavo que sirve a otro que no sea su señor. ¿Quién querría que nuestro esclavo sea así?

*Realizad plegarias*. Dios ve a sus esclavos que recitan plegarias. Haced las plegarias en tranquilidad.

*Ayunad*. El que ayuna es como una persona que lleva la fragancia de rosa y perfuma los alrededores.

*Dad limosnas prescritas purificantes y limosnas por amor de Dios*. Pensad en un hombre que ha sido encarcelado por sus enemigos. Justo en el momento de su ejecución, el hombre les otorga todos sus bienes. Entonces, sus enemigos lo dejan en libertad. Así, las limosnas prescritas purificantes y limosnas por amor de Dios libran al hombre de estar cautivo de los pecados.

*Pronunciad el nombre de Dios el Grande y Sublime*. Imaginad un hombre que huye de sus enemigos que quieren encarcelarlo. Él se refugia en un castillo y se salva de sus enemigos. El castillo más sólido es pronunciar la palabra de Dios. No hay más salvación que ese castillo».

Al terminar de hablar el Profeta Juan descendió del púlpito y se fue al desierto. En el desierto había vastas dunas que se extendían hasta el horizonte. No había ningún ruido, tan sólo el susurro del viento, el susurro de las hojas de los árboles y los pasos de los animales salvajes en las montañas. El Profeta Juan hacía plegarias, pronunciaba los Nombres de Dios, suplicaba y lloraba por Dios.

En Jordania, en la cima de la montaña de Makirus hay un castillo como un nido de águila que fue testigo de uno de los asuntos más dolorosos de la Historia de la Humanidad. Los sucesos de allí pasaron a la historia como un lúgubre acontecimiento. Porque sobre las piedras del castillo de Makirus está la sangre que brotó del cuerpo de Juan.

La congregación de la gente, al aceptar las palabras de Juan molestaba al gobernador de Palestina, Herodes, a los magnatarios de Roma y a algunos rabinos. Juan llamaba la gente a tener compasión, a igualdad y fraternidad y venerar a Dios, el Único. Herodes mandó que lo encarcelaran porque era una amenaza para su poder.

Juan fue encarcelado en ese castillo desolado desde el cual se apreciaba el Mar Muerto. Les permitieron a sus discípulos visitarle para que la gente no incitara a la subversión.

Herodes parecía un hombre piadoso pero practicaba todos los malos actos prohibidos por la religión. Un día, cuando fue a visitar a su hermano en Roma, se escaparon con la que sería su esposa, Herodia y su hija Salami, a Palestina. Pronto, se casaron Herodes y Herodia aunque la gente reaccionó mal y los rabinos hicieron objeciones pues Herodia era sobrina de Herodes. La mayor parte del tiempo Herodes lo pasaba en el castillo. En una parte del castillo de Makirus existía el entretenimiento y en la otra, la pena y el dolor.

Un día, Herodes ordenó que trajeran a Juan encadenado. Herodes quiso que Juan dijera que su matrimonio era lícito y permitido en la religión. Sin embargo, el Gran Profeta le respondió duramente: «¡Sepárate de ella! Vuestro matrimonio no es legal por la religión porque es tu sobrina e incluso es la esposa de tu hermano».

Herodes no pudo decir nada. Temía de la grandiosidad de Juan. Lo expulsó de su presencia inmediatamente. Herodia estaba ciega de ira. Quiso que mataran y trajeran la cabeza de Juan. Pero Herodes temía la reacción de la gente. Desde ese día, Herodia pensaba solamente en asesinar al hombre que la había despreciado en publico. Empezó a hacer planes para lograr lo que quería.

Una noche, para celebrar el cumpleaños de Herodes el castillo de Makirus estaba totalmente iluminado. Herodes quiso que Salomi, la hija de Herodia, que era célebre por sus bailes, bailara para él y prometió que la compensaría con todo lo que quisiera. Cuando Salomi hizo lo que quiso Herodes, él le preguntó:

— ¡Dime qué quieres!

Salomi miró a los ojos de su madre y dijo:

— ¡Quiero que me entreguen la cabeza de Juan en una bandeja de plata!

Herodes dijo asustado:

— ¡Pide lo que quieres pero no me pidas eso!

Herodes se asustó más. Los señores de Roma, los rabinos y los ricos de los israelitas que estaban en el salón le hicieron recordar su promesa. Poco después, el orgullo de Herodes venció todos los temores y dijo:

— ¡Traedme la cabeza de Juan!

Más tarde, en las murallas del castillo de Makirus corrieron las gotas de sangre de un Profeta. Mientras el Profeta Juan marchó con su Señor como su padre Zacarías hizo, los israelitas mataron a un Salvador y privaron a la humanidad de un Guía excelso.

Después del martirio de Juan, sus discípulos llevaron su cadáver a Damasco. La tumba de Juan se encuentra actualmente en la Mezquita Omeya, en la ciudad siria de Damasco.

Ibn Asakir, el historiador popular que escribió «La Historia de Damasco», narra en su libro un asunto de Zaid Bin Vakid: «Cuando construían la Mezquita Omeya en Damasco, vi la cabeza de Juan. En la dirección de La Meca, lo sacaron debajo de una de las columnas al lado del púlpito. Su pelo y su piel no habían cambiado, igual que cuando murió como mártir».

# EL PROFETA JESÚS

## (Que la paz y las bendiciones de Dios estén con él)

El Sol empezó a ponerse por el horizonte. Una brisa suave bailaba entre las flores de naranjo y los manzanos. De repente, unos olores aromáticos entraron por la ventana del cuarto de oraciones de María y allí vieron a una joven que estaba rezando en la más profunda paz.

Se la veía tan bella cuando rezaba que los perfumes empezaron a bailar a su alrededor. María, inmersa en un clima de oración nunca antes visto, notó que su habitación estaba llena de olores aromáticos y sonrió, la naturaleza la estaba saludando.

Respiró hasta llenar los pulmones. «¡Qué hermoso!» se dijo a sí misma. Y otra vez se dirigió a la fuente de toda esta hermosura, Dios, para agradecérselo. Era tan hermosa su actitud y tan sincera su oración que recordaba a un ángel del cielo.

Mientras tanto se posó un canario sobre su ventana. Batió sus alas levantando su pequeño pico hacia el Sol. Tras el baño tomado en la fuente enfrente de su ventana, miles de gotitas se dispersaron por el aire. María se acordó de que no había regado la rosa que había salido de repente entre dos rocas grandes fuera del templo. En cuanto terminó de hacer la plegaria se dirigió hacia el rosal. Aún no había salido del cuarto cuando escuchó la voz de los ángeles. Le decían: «¡Oh María! Dios te ha elegido. Te limpió el cuerpo y el alma de pecado y te hizo superior a las demás mujeres del mundo».

María se detuvo y se puso pálida. Todas las esquinas de la habitación empezaron a iluminarse con las palabras de los ángeles. La luz era tan brillante que el Sol quedaba eclipsado como una vela apagada ante ella.

María últimamente sentía grandes cambios tanto en su cuerpo como en su espíritu. No había espejo posible para ver los cambios en su cara pero ella notaba que la sangre de juventud daba lugar a un color más noble y limpio. Sí, no podía ver la palidez de su cara pero se daba cuenta. Su cuerpo se había debilitado pero su alma había alcanzado una fuerza extraordinaria. Tanto que, cuanto más se debilitaba su cuerpo, más le daba fuerza a su alma.

Sin duda la única fuente de esas hermosuras era Dios. Ya consciente de ello María se comportaba con modestia. En su mirada y actitud se le notaba nobleza, circunspección y majestuosidad. Sintió el gran peso de la responsabilidad que los ángeles habían puesto sobre sus hombros. Mientras María estaba pensando en eso, se oía la voz de los ángeles por toda la habitación: «¡Oh María! Dios te creó con esmero. Te purificó y de entre todas las mujeres te escogió a ti».

Al oír estas palabras María entendió que había sido hecha inmaculada y escogida por Dios como cabeza de todas las mujeres para todos los tiempos. Ya era la mujer más grande de este mundo y también del siguiente. Los ángeles otra vez le hablaron: «¡Oh María, dedícate a tu Señor! Póstrate ante Él y sigue siendo una de Sus servidoras».

La buena nueva de los ángeles la puso muy contenta e incrementó su respeto, amor y obediencia a Dios. María estaba tan emocionada que se le olvidó regar la rosa y otra vez empezó a rezar.

Esta vez no sentía ningún cansancio ni debilidad y se había olvidado de su soledad. Era como si su corazón se hubiera llenado de Sol y sus cabellos bebieran del rocío de los riachuelos. Hubo una amplitud muy grande en su alma y por eso sentía que llevaba a todos los seres en su interior.

Sí, en todas las moléculas de su cuerpo oía los latidos de la vida. Ahora, la esencia de vida que corría entre las hojas y ramas de los manzanos le corría por las venas también. Las lágrimas de todos los niños inocentes del mundo se derramaban por los ojos de la joven que estaba fuera de sí debido a la hechizante atmósfera de las oraciones. En esas lágrimas estaban ocultas la pureza de la blanca leche, la suavidad de la brisa y las tristezas de la humanidad.

El corazón de María le decía que se iba a llevar grandes sorpresas. En realidad desde hacía unos días lo sentía pero no sabía de qué se trataba, ahora ya todo estaba muy claro.

Cuando el sol se puso para descansar, se despertó la noche. Y la Luna se sentó como una reina en su corona de plata rodeada por las nubes blancas como un halo de luz.

Cuando después de medianoche la luz de la Luna entró en la habitación de María, la encontraron rezando todavía. Después de acabar la oración María se acordó de la rosa y salió fuera con un poco de agua.

La rosa se encontraba entre dos grandes rocas muy cerca del templo. A ese lugar no entraban los desconocidos porque ahí era donde María rezaba.

Después de regar la rosa comprobó con asombro cómo ese extraño rosal crecía el doble sólo en dos noches. De repente escuchó unos pasos. ¡Qué extraño era! Pisadas encima de los guijarros, la tierra y la hierba...

De repente sintió mucho miedo. Era obvio que no estaba sola. Miró a su alrededor con inquietud. Pero no había nadie.

Después de que sus ojos se acostumbraran a la oscuridad vio una sombra bajo la luz de la Luna. ¡Dios mío! ¿Quién era ese hombre? Empezó a temblar, estremeciéndose.

Al ver la sombra en el suelo aumentó su asombro porque normalmente aquel ser no tenía que tener sombra pues estaba bajo la luz de la Luna y no había otra luz detrás de él. María se preguntó: «¿Quién será este hombre?»

Cuando vio la cara del hombre, se asustó más. Nunca lo había visto antes. Además su cara era más clara que la luna llena. En sus ojos había una nobleza y majestuosidad y en su cara se apreciaba modestia y circunspección. Gracias a esa breve mirada María vio en la cara del hombre la huella de llevar millones de años implorando a Dios.

María tenía curiosidad por saber quién era. El desconocido leyendo sus pensamientos dijo:

— ¡Que la paz sea contigo María!

María se sobrecogió y le dijo:

— Me refugio de ti en el Compasivo. ¡Si es que temes a Dios, no te me acerques!

Ella era la mujer más pura, limpia y honrada de todas las mujeres del mundo. Ese hombre que había entrado en un lugar tan privado en donde nadie se atrevía a entrar podría tener malas intenciones. Su único refugio era Dios.

El desconocido le dijo con una sonrisa tranquilizadora:

— Yo soy sólo el enviado de tu Señor. He venido para entregarte a un niño puro.

En cuanto el desconocido acabó sus palabras, todo se cubrió con una magnífica luz; esa luz no se parecía al Sol ni a la Luna ni al fuego. Era muy extraña, maravillosa y deslumbrante.

Poco después los haces de luz rodearon al desconocido y formaron un ala tan inmensa que podría abarcar todo el horizonte. María estaba fuera de sí. En su cabeza resonaban las palabras del hombre. «Soy el enviado de tu Señor».

¡Dios mío! Era él. Sí, el que estaba frente a ella como perfecto humano sin ningún defecto era el Arcángel Gabriel, el más grande en importancia de los ángeles.

María empezó a temblar ante todo lo sucedido, levantó la cabeza y miró otra vez al hombre. Gabriel aparecía como un hombre muy hermoso. María le miró a la cara y por un momento contempló la claridad de su frente, la pureza de su rostro y la majestuosidad de sus ojos. Era verdad lo que había pensado: el ángel tenía cara de haber servido a Dios durante millones de años.

María se estremeció al recordar la segunda parte de lo que había dicho Gabriel. Había venido para darle un niño muy puro. María era virgen. No se había casado ni le había tocado la mano de un hombre. «¿Cómo podía dar a luz sin casarse?» Le dijo asombrada al señor de los ángeles:

— Pero, ¿cómo puedo yo tener un hijo si ningún hombre me ha tocado, si no he conocido varón?

El ángel le dijo:

— Es verdad lo que dices. Sin embargo tu Señor dice: «Es cosa fácil para Mí, para hacer de él un signo milagroso de Nuestro poder ante la gente y la Misericordia de Nuestra parte. Es un decreto divino».

María empezó a pensar en las palabras de Gabriel. Había dicho que eso era una orden de Dios. Entonces no tenía nada de extraño. Nada era difícil para Dios. Además, ¿tener un hijo siendo virgen sería tan raro? ¿Él no había creado a Adán sin padres? Así era, antes de la creación de Adán no existían ni hombres ni mujeres. Además había creado a nuestra madre Eva procedente de Adán o sea de un hombre. Sin duda, Dios era el más Poderoso. Y ahora con Su poder ilimitado iba a crear un niño sin padre. Dios quien había creado una mujer de Adán, ahora iba a crear un hijo de María.

Hasta aquel día según la tradición divina los niños venían al mundo de un hombre y una mujer. Pero ahora Él deseaba realizar un milagro creando a un niño sin padre.

Gabriel siguió diciéndole:

— ¡Oh María! Dios te da la buena nueva de un milagro. Se llama Jesús[21], también conocido como el Mesías y su sobrenombre es el hijo de María. Será uno de los siervos más cercanos a Dios y con más prestigio tanto en este mundo como en el otro. Predicará desde sus primeros meses y en su madurez y será uno de los siervos más rectos.

El asombro de María aumentó si cabe más porque se había enterado del nombre de un niño que todavía no llevaba en sus entrañas. Además el ángel le explicaba qué tipo de persona sería en el futuro. Iba a ser una persona prestigiosa de gran importancia tanto ante los ojos de Dios como ante los de la gente. Él era un niño milagroso. No sólo iba a predicar de mayor sino que lo haría ya desde el principio siendo un bebé, ¿y cómo podría ser esto posible? Sin embargo, si Dios el Todopoderoso lo deseara, hasta las piedras hablarían.

Cuando María quiso mover los labios para preguntar algo más, el ángel le mandó un soplo de aire. Un haz de luz que nunca había visto hasta ahora. La luz al entrar le envolvió todo el cuerpo de modo que brillaba como una estrella deslumbrante en medio de la noche.

---

21　En el Corán es nombrado como «Isa».

Fue como si María viviera un sueño extraño. Cuando volvió en sí para preguntar al ángel, él ya se había marchado, volando en silencio. El cuerpo de María comenzó a temblar cuando sopló un aire frío. Pensó que perdería la consciencia y corrió inmediatamente a su habitación. Cerró la puerta y entró de nuevo en el clima de tranquilidad de la oración. Absorta, al postrarse, de sus ojos comenzaron a brotar lágrimas.

¿Cómo se podría explicar el momento por el que estaba pasando? Se habían entrelazado tantos sentimientos distintos que no cabía de felicidad. Vivía un profundo asombro, su corazón temblaba como el de un pájaro. Y sentía en todos sus poros una sensación de deleite indescriptible en una atmósfera hechizante de profunda paz.

Ya no estaba sola. Tenía la sensación de que al irse el ángel no se había quedado sola. Y en verdad que no lo estaba. Con el soplo del ángel su cuerpo se había llenado de luz. Y esta misma luz se convertía poco a poco en un bebé en sus entrañas. Ese bebé sería en el futuro un profeta mensajero del amor a las personas.

Aquella noche durmió profundamente. La mañana siguiente cuando abrió los ojos vio que toda su habitación estaba llena de las frutas más variadas aunque no fueran de la temporada. Las miró sorprendida y recordó lo que había pasado la noche anterior. Su salida a regar el rosal, su conversación con Gabriel, el soplo milagroso de Dios sobre ella, su vuelta emocionada al cuarto, su profunda entrega final a la oración...

Mirando la variedad de frutas que le rodeaba se dijo: «¿Me las voy a comer todas yo?» En ese momento le llegó la voz de un ángel: «Oh María, no estás sola, a partir de ahora sois dos personas: Jesús y tú. Tienes que alimentarte bien».

Y María comenzó a comerlas.

Pasaron los días. Su embarazo era muy diferente al de las otras mujeres, por ejemplo, no se sintió enferma, no tenía ningún dolor y su vientre no se hinchó. Muy al contrario, el embarazo le reportó beneficios de toda clase.

Llegó el noveno mes...

María se alejó a un lugar fuera del alcance de los demás. Sentía que iban a pasar ciertas cosas. Pero no sabía exactamente lo que era. El camino le llevó a un lugar aislado. Nadie sabía ni que estaba embarazada ni que pronto daría a luz. Ni siquiera notaron su ausencia porque durante días permanecía en su cuarto rezando y, sabiendo esto, nadie quería molestarla.

Estaba cansada, se sentó bajo una palmera para descansar un poco. Y llegaron las contracciones que empezaron a ser más frecuentes. Si Dios no la hubiera ayudado, no le habría sido posible soportarlo.

El parto comenzó. Las contracciones le hicieron apoyarse en el tronco del árbol. Pensaba: «Ojala hubiera muerto antes de pasar esto, desapareciendo en el olvido».

Lo que en realidad le hacía sufrir a esa gran mujer símbolo de castidad no eran los dolores de parto sino los problemas que afrontaría después del mismo. ¿Cómo la recibiría su gente cuando la vieran con un bebé en sus brazos?

¿Qué dirían? Todos sabían que era virgen. ¿Y cómo podría tener un hijo una virgen? ¿Cómo explicaría que se había quedado embarazada sin haber conocido varón? ¿La creerían las personas?

Se imaginaba las miradas curiosas y suspicaces de la gente. Era como si ya escuchara las habladurías. Notó que le dolía el corazón.

Y en medio de una tormenta que le invadía la mente y el corazón oyó la voz de un bebé. Miró hacia abajo y allí estaba: había nacido su hijo. Lo que salía de su boca no era el llanto de un bebé sino palabras plenas de significado como las que usaban los adultos. Nada más nacer, las primeras palabras salidas de su boca fueron para tranquilizar a su madre: «Mamá, no te entristezcas».

María, agachándose, miró a la cara del bebé. Estaba resplandeciente. No era como los otros recién nacidos que vienen al mundo con arrugas sino que tenía un rostro terso y una piel blanca y suave.

Pues sí, el bebé que yacía sobre las verdes hierbas hablaba. Le decía que no se entristeciera. Era un milagro y no se quedó ahí, sino que volvió a hablar: «Sacude el tronco de la palmera y coge los dátiles maduros y frescos que caigan sobre ti. Cómelos y que tu corazón se llene de alegría y paz. No pienses en lo que te entristezca. En cuanto vuelvas a la ciudad y encuentres a alguien dile: «He hecho una promesa de silencio a Dios y por ello no puedo hablar con nadie hoy».

El nombre del niño era Jesús y también sería conocido como el Mesías.

María miró a su hijo con cariño y le abrazó con ternura. ¡Qué maravilla de niño! Se sentía responsable de su madre incluso al poco de nacer. Cuando le miraba esto era lo que leía en sus ojos: él no ha venido a este mundo para recibir nada sino para darlo todo de él.

Nada más tocar el tronco gigantesco del inmenso árbol cayó sobre ella una lluvia de dátiles. Cogiéndolos uno a uno los iba comiendo. Era la primera vez que comía unos dátiles tan deliciosos. Después bebió agua de un riachuelo y, tras envolver al bebé en sus ropas, se sumió en un dulce sueño.

En la mente de la virgen María se mezclaban muchos pensamientos. Su corazón era como el de un pájaro asustado, un pájaro tembloroso que se posa en las ramas sin poder tranquilizarse de manera alguna. Sus pensamientos, tras posarse en las ramas del árbol de la paz, le invadían e intranquilizaban nuevamente de modo que en lugar de tranquilidad sólo le quedaba una profunda preocupación. Su pensamiento se centraba en un sólo punto: Jesús. ¿Cómo iban a reaccionar los judíos cuando lo vieran?

¿Qué iban a decir sobre María? ¿Qué comentarían sobre Jesús? ¿Se convencerían los que habían dejado de creer que la Divinidad le había dado un bebé?

Ya era la hora de retornar a los suyos. Era ya la tarde cuando María volvió. En la calle que iba al templo había una muchedumbre que charlaba después de las tareas diarias. Al pasar por entre la gente se dio cuenta de que todos la miraban y con un bebe en su regazo, caminaba con paso lento y solemne.

Uno de los vagabundos dijo mirando a su alrededor:

— ¿No es esa la virgen María? ¿De quién será ese bebé que lleva en su regazo?

Y uno de los borrachos respondió:

— Tiene que ser suyo pero veamos qué historia nos cuenta.

Sus palabras cayeron en un campo abonado para la murmuración
ya que en aquel lugar había mentes y corazones salpicados de maldad.
Los sabios la rodearon y empezaron a recriminarle:

— Dinos de quién es ese niño. Contéstanos, ¿por qué guardas silencio? ¿No es hijo tuyo? ¿Cómo puede una virgen tener hijos? ¡Habla!
Ya, está claro, has tomado una senda equivocada y eso que ni tu padre
ha sido un hombre de mal ni tu madre una mala mujer. Perteneces a
una familia noble y religiosa. Ellos nunca han hecho algo parecido.

Se estaba cometiendo una injusticia con María. Pero ella mantenía
la cabeza alta y no se amilanaba. Sus ojos brillaban con la luz de sus sentimientos maternales y la obediencia a Dios. No cesaban las preguntas.
La arrinconaron, no tenía escapatoria. Con toda sinceridad se encomendó a Dios y señaló a Jesús.

Se asombraron. Quería que le dirigieran las preguntas al mismo bebé y no a ella. Pero, ¿cómo se puede preguntar a un bebé recién nacido?
¿Podría contestar un bebé envuelto en pañales? Entonces preguntaron:

— ¿Cómo vamos a hablar con un niño de pecho?

Nada más decir esto se realizó un milagro increíble y Jesús les respondió desde el regazo de su madre.

— Yo soy el siervo de Dios. Él me ha dado las escrituras y me ha
hecho profeta. Allá adonde vaya me bendice y me ha encomendado hacer plegarias y predicar la necesidad de hacer limosna prescrita purifi-
cante y ser bondadoso con mi madre, no me ha hecho ni insolente ni
rebelde. La paz sea sobre mí el día en que nací, el día de mi muerte y
el día en que sea devuelto a la vida.

Al acabar sus palabras, los rabinos se pusieron pálidos. Estaban siendo testigos de un milagro. Esto significaba el destronamiento de su autoridad y que, según fuera creciendo Jesús, éstos perderían credibilidad
ante su pueblo.

Para evitarlo había un sólo camino. Ocultar aquel milagro que habían presenciado. Inmediatamente, comenzaron a calumniar y deshon-
rar a María delante de la gente.

A pesar de que la verdad se había ocultado dando una versión dis-
tinta de los hechos, las noticias llegaron a Herodes, gobernador de los

palestinos y enviado de Roma. El gobernador controlaba a los suyos
mediante el terror, la tiranía y el espionaje.

Cuando le llegó a Herodes la noticia de que había nacido un niño
sin padre él se estaba divirtiendo en su palacio. Además, el bebé había
hablado desde su cuna... Sus palabras eran tan rotundas que podrían
destronar al rey de Roma. Esas palabras sacaron de quicio a Herodes.
Se puso furioso, tiró la copa a la cara del soldado mensajero y llamó inmediatamente a su ayudante, sus comandantes y espías para reunirse.
Cuando entró en la sala de reuniones miró con atención a la cara de
sus espías y les dijo:

— Decidme qué es lo que sabéis sobre el bebé que habló desde su
cuna.

El jefe de los espías dijo:

— Nos parece que esas noticias no tienen nada que ver con la verdad. Corrían rumores de que un niño bendito había empezado a hablar nada más nacer. Aunque enviamos a nuestros hombres para que
lo buscaran no consiguieron encontrarlo. Después de las investigacio-
nes podemos decir que las noticias son exageradas.

Uno de los espías tomó la palabra diciendo:

— Según las noticias que he recibido de fuentes fiables tres sabios
zoroástricos llegaron a Palestina siguiendo a una estrella deslumbrante. Dicen que esa estrella es un signo del nacimiento de un niño milagroso que va a ser el salvador de su pueblo en el futuro.

El gobernador preguntó:

— ¿De quién va a salvar a su pueblo?

— Mis hombres no me han dicho nada sobre esto, Señor. Además,
los tres sabios desaparecieron de repente.

El gobernador gritó con furia:

— ¿Cómo que desaparecieron? ¿Entonces de qué se trata esa historia? ¿O es una conspiración contra Roma?

Herodes saltó de su trono; le estaba saliendo fuego de los ojos:

— Quiero la cabeza de esos tres hombres y también la del bebé.
No me vengáis con información incompleta.

El cabecilla de los espías dijo:

— Señor nuestro, a lo mejor es un sueño que inventaron los ciudadanos judíos.

No había manera de que se calmara Herodes; les dijo amenazando a sus hombres:

— Si no me traéis la información que os pido sobre el bebé os voy a cortar la cabeza a todos. ¡Largaos!

Después de que los ayudantes y los espías salieran con miedo del salón, el gobernador se sentó en su trono y empezó a pensar. Las noticias le habían preocupado de verdad. No le importaba nada que naciera una nueva religión. Lo que le preocupaba era la idea de la destrucción de la autoridad de Roma. Decidió llamar al jefe de los rabinos para conocer más detalles acerca del tema. Mandó al templo un grupo de soldados para que lo trajeran.

Al cabo de una hora el jefe rabino estaba ante Herodes. El gobernador le dijo:

— Lo llamé para consultarle sobre un asunto que me preocupa mucho.

El jefe rabino dijo inclinando la cabeza hacia delante:

— Estoy a sus órdenes, Señor.

— He oído unas noticias contradictorias sobre un bebé que habla desde su cuna. Cuando sea mayor salvará a su pueblo de la esclavitud de Roma. ¿Es verdad todo eso?

El jefe rabino presintió que había una trampa en esa pregunta. Después de pensar un poco como responderla dijo:

— Señor nuestro, ¿está usted interesado en la religión judía?

— No, la única cosa que me importa es la autoridad de Roma. Contéstame a la pregunta, rabino.

El rabino había escuchado hablar a Jesús. Pero si decía la verdad, causaría muchos más problemas. Por eso decidió no contarle toda la verdad. Le dijo al gobernador que había escuchado algo de eso pero que tenía dudas sobre su certeza. Herodes le preguntó con curiosidad:

— ¿Crees que esa historia pudo ser inventada para destruir el Imperio Romano?

— Sí Señor, absolutamente por ese motivo.

El rabino añadió dando unos pasos atrás de miedo:

— Permítame decirle una cosa. Este es un presagio muy antiguo hecho por unos rabinos que vivieron una vida de esclavitud en Babilonia hace un siglo.

— ¿Existe gente que cree en ello? Por ejemplo tú, ¿crees que es cierto? ¿Has visto a dicho bebé sin padre?

El rabino estaba asustado, le empezó a palpitar el corazón con fuerza. Se estaba esforzando por mantener la serenidad.

Le contestó de esta manera:

— ¿Le parece posible a usted que pueda nacer un ser humano sin padre? Esas cosas son sueños sin sentido.

— Sabes muy bien que las ilusiones que inventa el pueblo en los que después cree son los que les quitan el sueño a los reyes. Ya puedes retirarte, pero si te enteras de algo nuevo sobre este asunto, dímelo a mí antes que a nadie.

Después de que el rabino saliera del salón, Herodes empezó a pensar en la situación. Y si el rabino estuviera mintiendo... además había presentido algo en sus ojos. Él lo sabía muy bien.

Pero ¿qué significaba la historia de los tres sabios que siguieron a una estrella deslumbrante? No podía quedarse tranquilo sin enterarse de los rumores que corrían sobre el asunto. Llamó inmediatamente a sus comandantes y les ordenó que trajeran a todos los que pudieran dar algún dato sobre este asunto. Los iba a interrogar él mismo. También quería ver a aquella virgen que había dado a luz al bebé.

Justo en ese momento María se había alejado ya de Palestina e iba a Egipto. La noche anterior una persona que ella no conocía vino a su casa y le dijo:

— Oh María, coge a tu bebé y vete inmediatamente a Egipto.

María estaba asustada y le preguntó:

— ¿Por qué? Además, ¿cómo podría ir sola a Egipto? Ni siquiera sé cómo ir allá.

El desconocido le dijo:

— No te preocupes... tú ponte en camino. Recuerda que Dios te está protegiendo. El gobernador romano os está buscando a ti y a tu bebé para mataros.

Después de calmarse un poco María dijo:

— ¿Cuándo debo ponerme en camino?

El desconocido:

— Ahora mismo. No tengas miedo, no estás sola sino con un profeta muy valioso para Dios. Es el destino de los profetas: ser obligado por su pueblo a abandonar su país. En realidad es como si la maldad echara a la bondad por un tiempo. Pero no hay por qué preocuparse. Siempre la bondad vuelve con más fuerza y derrota a la maldad. Vete ahora, no pierdas más tiempo.

María se unió a una caravana. Estaba pasando por el enorme desierto de Sinaí con Jesús en su regazo. Por el mismo desierto ya había caminado Moisés y ahí éste había visto el fuego.

Al final de un viaje largo y muy difícil por fin llegaron a Egipto. Con su aire limpio, sus tierras fértiles, su rica cultura y su buena gente ese lugar era el más adecuado para la educación de Jesús. Pasó su niñez allí.

Pasaron los años y un día llegó junto a María el mismo hombre que hacía años le había dicho que abandonara Palestina. Esta vez le dijo a ella:

— El gobernador cruel de Palestina ha muerto. Coge a tu hijo y regresa a tu país. Es la hora de que la bondad derrote a la maldad. Desde ahora Jesús tiene que sentarse en su trono y éste será el corazón de los pobres, desamparados, enfermos y oprimidos.

Jesús salió de su casa y se dirigió hacia el templo. Era sábado, el día sagrado de los judíos, día de las prohibiciones y de las ceremonias religiosas. En ese día nadie podía prender o encender ni tampoco podía extinguir un fuego. Estaba prohibido para las mujeres amasar, para los niños lavar sus juguetes y para las chicas trenzar su cabello. No se podía escribir nada ni borrar nada de lo escrito.

Según su mentalidad la religión era de este modo. Eran muy fieles a la apariencia de los principios religiosos. Pero no tenían nada realmente significativo en sus vidas. La maldad les había atrapado. Sus mentes todavía vivían sumidas en el odio y estaban confusas por miles de mentiras.

Jesús recordaba a una persona que había venido de un mundo muy diferente al de los palestinos. Su carácter no tenía nada que ver con los de su gente. Su cabello ondulado y suave que le llegaba hasta los hombros estaba tan limpio como si hubiera sido lavado por la lluvia de unas nubes que no habían descendido a la Tierra. Las tierras por donde él pasaba olían a Cielo. Sus modestas vestiduras, hechas de lana eran más nobles que las de los emperadores romanos y los rabinos judíos.

Aunque era sábado Jesús cogió unas frutas de los árboles y se las dio a una paloma. Según los judíos ese comportamiento suyo era una rebelión contra ellos. Sin embargo, Jesús sabía que la religión verdadera no era sólo quedarse con lo externo de las oraciones. La oración verdadera era aquella donde se complementaban lo esencial y la forma. Por eso pelaba las frutas y las repartía a los seres necesitados. Les avivaba el fuego a las ancianas para que se calentaran pues era imposible que sus cuerpos débiles y enfermos aguantaran el frío.

Jesús iba con frecuencia al templo y ahí contemplaba a las personas y a los rabinos. Un día fue al templo. Las paredes del templo estaban hechas con la madera de un árbol aromatizante y sus cortinas elaboradas de una tela preciosa adornada con oro. Del techo colgaban candiles de plata. Las velas colocadas en diferentes partes del edificio iluminaban el templo tanto que deslumbraban la vista.

Sin embargo, los corazones se encontraban como un edificio en ruinas y eran muy oscuros. Jesús era la única luz deslumbrante. Dios le iba a ordenar llevar esa luz a todos los pobres, desamparados, indigentes y a los necesitados de luz.

Se quedó mucho tiempo en el templo y observó a la gente. Había veinte mil rabinos. Y el nombre de todos ellos estaba escrito en una tabla grande del templo. Vivían en habitaciones apartadas para ellos en el templo y también se les asignaba un sueldo. Todos aquellos grupos tenían una ropa diferente. Los de Levi se ponían sombreros y togas con bolsillos grandes donde ponían sus libros. Por otro lado estaban los Ferisi, su vestido era morado y adornado con oro.

Los rabinos y hombres de religión del templo eran mucho más numerosos que los visitantes. La plaza exterior al templo estaba llena de corderos y palomas comprados por los visitantes para sacrificar. Los animales sacrificados se tiraban al fuego después de muertos y los pobres no podían entrar en el templo porque no podían sacrificar nada. Jesús al ver esto se dijo: «¿Por qué queman los animales habiendo tantos pobres muriéndose de hambre? ¿Así pretenden contentar a Dios? ¿Por qué los pobres deben endeudarse sacrificando animales para entrar en el templo? ¿Y por qué los animales que no crecen fuera del templo no se pueden sacrificar? ¿Y qué hacen con tanto dinero los rabinos? ¿No hay lugar para los pobres en el templo? ¿Entonces por qué sólo lo pueden visitar los ricos? ¿No es raro entonces que a la casa de Dios sólo puedan entrar los que tengan dinero?»

Primero salió del templo y después de la ciudad y se dirigió hacia el monte. Estaba muy triste. ¿Cómo era posible que la gente estuviera tan lejos de Dios estando en su casa? Estaba pálido... Le preocupaban mucho los problemas de la gente.

Después de pasear un poco por las colinas de Nasira, levantó las manos y empezó a rezar por la humanidad que se arrastraba directamente al infierno, por la humanidad ingrata después de todas las bendiciones de Dios.

Las lágrimas se deslizaban por su mejilla al suelo como perlas. Al cabo de un tiempo sus llantos silenciosos se convirtieron en sollozos. En la tierra había una semilla que estaba a punto de morir por la sequía. Cuando absorbió las lágrimas deslizadas de los ojos de Jesús brotó de repente y empezó su viaje en la vida. Aquella noche Dios le reveló la Biblia.

Empezaron los días llenos de sufrimiento en la vida de Jesús. Los días de lucha contra las personas cuyo corazón estaba lleno de ingratitud y obstinación, días de meditación, oración e invitación a Dios. Iba a llamar a la humanidad al Paraiso preparado por Dios para los fieles. Ya se habían acabado los días de ofrecer oro a los rabinos para arrepentirse de los pecados. Ya existía la modestia, el amor, el perdón... Era imposible ver estos conceptos entre los judíos porque en ellos no había perdón, tan solo aplicaban el «ojo por ojo, diente por diente»... que viene a ser lo mismo que «si alguien te pega en la mejilla derecha, tú también haz lo mismo», todo lo contrario de lo predicado por Jesús, el cuál expresó a la gente que «Si alguien te golpea en la mejilla derecha, ofrecele la otra mejilla».

En realidad quería darles la siguiente lección: la verdadera religión no es vengarse cuando te hacen daño sino comportarse con tolerancia y perdonar.

Los israelitas se sorprendieron ante esas palabras que oían por primera vez en su vida. El mensaje de Jesús destruía a sus príncipes y también los rabinos perdían su prestigio ante los ojos del pueblo.

El profeta Jesús le contó a la gente que Dios quería a las personas de buen corazón no importaba si eran ricas o pobres y que, sin embargo, le parecían muy mal las actitudes de las personas que se comportaban con orgullo, dureza, malas maneras pues a Dios no le gustaba la mentira, el engaño y el robo. Había una sola manera de alcanzar la misericordia de Dios y ésta era ser modesto, tener buen corazón y querer a las personas, incluso a aquellas por las que no seamos queridos.

En una época en la que muchas almas se dejaron abrazar por la idea del dinero y lo material, en la que las personas se dejaban guiar por la opresión y la ambición, el mensaje de Jesús mostraba el único camino para alcanzar la auténtica esencia humana. Él sabía que no podrían alcanzar fácilmente las metas que él se había marcado. Sin embargo, el hecho de esforzarse en alcanzar ese objetivo, encontrar el camino correcto ya era suficiente para su salvación.

Dios le concedió un milagro a Jesús. Efectivamente le había hecho construir un barco a Noé y gracias a él se habían salvado del diluvio. El cetro de Moisés había dividido en dos el Mar Rojo. Los milagros de Jesús correspondían a un profeta nacido sin padre: primero había sido protegido en su cuna por el aliento. Dios le había enseñado la ciencia del Libro y lo que es más importante de todo le había proporcionado la Biblia, uno de los libros sagrados, en la que explicaba los secretos del Antiguo Testamento.

Dios le había otorgado a Jesús un aliento eficaz ya que él hacía pájaros de barro y después le insuflaba un aliento, y con el permiso de Dios ese barro seconvertía en un pájaro auténtico y volaba.

Las modestas vestimentas de Jesús, al ser tocadas por un enfermo, lo curaban de inmediato. Cuando tocaba los ojos de un ciego, éste empezaba a ver y si alguien tenía heridas o manchas en su cuerpo le desaparecían totalmente con su intervención. Además, con la fuerza que Dios le dio al corazón y a los ojos, podía encontrar las cosas que la gente escondía en su casa o podía hablarles de cosas ocurridas anteriormente.

Pero el milagro más asombroso era el de resucitar a los muertos. Cuando él llamaba a los muertos por sus nombres éstos resucitaban con el permiso de Dios.

Jesús, utilizando todos estos milagros, llamaba a todas las personas a venerar al único Dios, y a purificarse.

Las palabras de Jesús no gustaron nada a algunos rabinos. Los romanos que oprimían las tierras de Palestina lo veían como un peligro y creían que les iba a arrebatar la autoridad. Y los ricos que explotaban a su pobre pueblo lo proclamaron traidor.

Jesús ayudaba a los pescadores, los desamparados, los enfermos y el resto de indigentes y les mostraba el camino al Paraíso. Los gobernantes crueles quisieron quitarselo de en medio al ver que éste les trataba muy bien. Y algunos judíos que le tenían envidia quisieron matarlo.

Querían que perdiese su prestigio ante el pueblo. Lo planearon hasta el más mínimo detalle e hicieron un plan. Según su plan, el día siguiente iban a acabar con Jesús.

Al día siguiente cuando Jesús fue al templo, los rabinos le mostraron a una mujer. Esa mujer había pecado de un modo imperdonable y su castigo era ser lapidada hasta la muerte. Le preguntaron a Jesús:

— ¿Qué dice la religión de Dios ante esa situación? ¿No hay que matar a las mujeres que pecan de ese modo?

Jesús dijo:

— Sí.

Los rabinos siguieron:

— Bien, esa mujer hizo algo muy malo, ¿qué le debemos hacer según tu opinión?

El Profeta del Amor primero miró a la mujer y después a los rabinos. Sabía muy bien que los rabinos eran más pecadores y crueles que esa mujer. Según los rabinos, Jesús iba a decir que no mataran a la mujer. Y entonces sería como oponerse a los principios transmitidos por el profeta Moisés. Y si dijera que mataran a la mujer sería una contradicción con el mensaje de amor traído por él y así se derrumbaría ante los ojos del pueblo. Todos se pararon en espera de la respuesta que daría.

Jesús, dándose cuenta de la trampa, miró a la mujer y a los rabinos y dijo:

— Quien esté libre de culpa, que tire la primera piedra.

Las palabras de Jesús cayeron como un rayo sobre la plaza. Lo que dijo fue extraordinario. En efecto, el error debería ser castigado con la inocencia. Los que habían caído en el barrizal del pecado no tenían derecho alguno para nombrarse justicieros, sólo Dios podría hacerlo. Él estaba por encima de todo y era el Señor de la Misericordia Infinita.

Los rabinos se quedaron confundidos. No sabían qué decir. Dejaron en libertad a la mujer, sin más posibilidad que esa. Tras la lección dada a la multitud y a los rabinos, Jesús se dio la vuelta y se fue. La pecadora corrió tras él. Se paró enfrente y sacó de entre su ropa un caro perfume que llevaba escondido. Mirándole con ojos agradecidos se arrodilló ante sus pies. Por un lado los besaba y por otro los lavaba con el perfume y las lágrimas derramadas.

Lloró durante un buen rato y después hizo un paño con su cabello y se los secó. Jesús era la única luz de esperanza para la salvación de millones de humanos. Era la imagen de la misericordia.

El máximo dirigente de los rabinos le siguió de cerca y presenció todo lo ocurrido. Le impresionó la misericordia y el perdón de Jesús. Nuestro querido Profeta le miró y dijo:

— Un hombre prestó dinero a dos personas. A uno de ellos quinientos denarios y al otro cincuenta.

El rabino le contestó:

— ¿Y?

— No tenían dinero para pagar la deuda y por ello el hombre se la condonó.

— ¿A dónde quieres llegar?

— ¿Cuál de ellos le querrá más por esto?— le preguntó Jesús

— Claro que el que tiene la deuda mayor.

A lo que Jesús contesto:

— Es cierto. ¿Ves a esta mujer? Cuando yo estuve en tu casa como invitado no me ofreciste siquiera una taza de agua para refrescarme la cara pero ella me ha lavado los pies con sus lágrimas y me los ha secado con su pelo. No me has besado ni una sola vez y ella me ha besado los pies tantas veces que no podría contarlas. Tu corazón es muy duro pero el suyo está lleno de amor y a los que están llenos de amor se les perdonarán sus pecados.

Jesús, levantando a la mujer del suelo le dijo:

— Ya puedes irte en paz porque Dios te ha perdonado los pecados.

Jesús predicaba a Dios por toda clase de ciudades y pueblos de Palestina. Dios le había enseñado el Antiguo Testamento dándole la Biblia y su corazón había sido lavado de faltas. El mensaje traído por Jesús era el mismo que el de los demás profetas:

— Venerad al Único Dios. No hay más Dios que Él.

Los israelitas, que o bien deformaron el Antiguo Testamento revelado a Moisés o bien sólo se fijaron en el significado externo de los conceptos, no tenían sentido en sus vidas. Jesús intentaba explicarles a los judíos, en particular a los rabinos, que el objetivo más inmediato de la religión era tener compasión con los débiles e indulgentes.

El Profeta nunca degustó los placeres mundanos. Un día, vistiendo viejos ropajes de lana, con los ojos en lágrimas, amarillenta su cara por el hambre y con sus labios resecos por la sed que sentía, se dirigió al pueblo gritando de esta manera:

— ¿Sabéis dónde está mi casa?

— No— dijeron ellos.

— Mi casa es la mezquita, mi bebida el agua, mi alimento el hambre y mi luz la Luna que nace en el anochecer. Para protegerme del frío del invierno rezo a Dios volviendo mi rostro al Sol que nace. Mis flores de albahaca son las plantas silvestres. Mi ropa es de lana en bruto. Mi mayor luz es tener temor a Dios. Mis compañeros de viajes son los pobres, miserables, indolentes sin nadie en el mundo. Al amanecer mi ropa es la pobreza y al atardecer es la nada pero no me afecta. La fe, Dios, me basta. ¿Hay alguien más rico que yo en el mundo?

Cuando un ciego se le acercaba, en cuanto le pasaba sus manos sobre los ojos la cortina de la oscuridad desaparecía y comenzaba a ver todo su alrededor. Los leprosos le salían al paso pidiéndole que rezara por ellos. Les tocaba y se curaban enseguida levantándose de alegría. Sus manos eran la medicina del cuerpo y el alma.

Sin embargo nada de esto fue suficiente para convencer a su pueblo, obsesionado por lo material. Al ver que los pobres e indulgentes se le unían se enfadaban, sus rencores se avivaban y pensaban cómo podrían hacerle caer en desgracia a los ojos de todos.

¿No se había convertido en una serpiente gigante el cetro de Moisés ante sus ojos? ¿No habían presenciado que con esta misma vara Moisés había dividido las aguas del Mar Rojo de un golpe? ¡Y muchos más milagros que Moisés y los sucesivos profetas mostraron! Pero, ¿cómo sería posible influir en unos corazones sin espiritualidad?

A pesar de los milagros mostrados por Jesús, no le creyeron. Le llamaron mago burlándose de él. Al final resucitó a los muertos en su presencia. ¿Podía haber algo difícil para alguien que se apoyaba en el ilimitado poder de Dios?

Un día una mujer anciana se le acercó llorando. Había perdido a su querido hijo. Le rogó a Jesús para que lo resucitara y Jesús le acompañó a su tumba. Se reunió una gran multitud para ver qué pasaría después, Jesús levantó las manos en oración y le llamó por su nombre. Poco después la tumba se abrió y el chico salió de la tierra para sorpresa de todos. Su madre lo abrazó y besó.

La noticia de este milagro corrió como la pólvora por todos los lugares de Palestina,llegando a todos, incluidos los rabinos, pero como se dijo antes, sus corazones eran de piedra. Se presentaron a Jesús y le dijeron de modo insolente:

— Tú resucitas a los que acaban de morir, si tu poder te lo permite, resucita a uno muerto hace tiempo, por ejemplo, al hijo de Noé, Samuel.

Habían pasado miles de años desde la muerte de Samuel. Jesús quiso que le enseñaran su tumba. Fueron todos a ese lugar, había una gran multitud mirando. Jesús rezó silenciosamente y gritó:

— Levántate Samuel, hijo de Noé, con el permiso de Dios.

El suelo se abrió y la gente se apartó del miedo, los rabinos abrieron los ojos de par en par. Jesús estaba tranquilo. El hijo de Noé, envuelto en la mortaja, estaba frente a Jesús. Ante el pánico que sentían todos se quedaron mudos de miedo. El pelo de Samuel era blanco. Jesús le preguntó en tono suave por qué su pelo se había emblanquecido porque en su época el pelo de la gente no encanecía.

— ¡Oh, Mensajero de Dios! Cuando me llamaste pensé que era el Juicio Final y mi cabello emblanqueció de miedo, a todos les pasaría esto.

Los rabinos dejaron a Jesús y volvieron al templo. Jesús se dirigió camino a la montaña. Había cientos de pobres por allí. Entre tanta gente sólo un puñado creía que él era profeta. Subió a la cima más alta. En el cielo había nubes blancas y poco después empezó a llover. Jesús habló así a las personas que se le habían unido:

— Hay buenas nuevas para los pobres ricos de espíritu. Su recompensa será el Cielo. Buenas nuevas para los que han probado la tristeza por Dios y para los corazones limpios que perdonan a sus semejantes. Los creyentes sois como la sal de la vida y si la sal se estropea, nunca volverá a ser la misma.

El auténtico sabor de la vida es la fe. Una vida sin fe es como una comida sin sabor. Los creyentes sobre la Tierra son los que le dan sentido a la vida. Donde no hay fe hay violencia, injusticia, venganza y falta de compasión.

Doce de ellos le creyeron. El que sólo un grupo de personas le creyera es el destino de los profetas. Incluso algunos de ellos no fueron seguidos por nadie. Los discípulos de Jesús fueron doce: Los apóstoles.

Un día Jesús dijo gritando:

— ¿No hay quién me ayude en el camino hacia Dios?

Los apóstoles dieron un paso adelante y dijeron:

— Nosotros.

La fe les corría por las venas porque Jesús había rezado al cielo y les había proporcionado alimentos. Aunque miles de pobres se habían sentado a la mesa con ellos los alimentos no se habían terminado.

Mientras todo esto sucedía los rabinos planeaban cómo deshacerse de Jesús. Formaron un comité y se dirigieron al prefecto romano. Le dijeron que Jesús sublevaba a su pueblo contra Roma y que preparaba una rebelión. Su propósito era que el prefecto ordenara matarlo. Pero no lo lograron.

La razón era que esto le venía bien al prefecto: alguien que dividiera a los judíos. No le importaba en absoluto la religión, su única ambición era retener el poder en sus manos. No quería enfrentarse a la gente que apoyaba a Jesús. Su intención era comportarse de modo más inteligente que nadie y dejar este trabajo a los judíos. De todos modos les dijo a los judíos que les apoyaría en sus planes.

De nuevo se tramaba un juego sucio. Otra vez se derramaría la sangre de un profeta. Jesús era el nuevo objetivo, se le quería eliminar e incluso se haría con el apoyo de Roma. Pero se ignoraba una realidad: Dios lo veía todo.

Una noche, una oscuridad total cubría todo. Una pequeña habitación en el templo y dentro unos rabinos con caras tan oscuras como la misma noche... Un joven estaba sentado enfrente. Su nombre era Judas. Era uno de sus fieles apóstoles. Pero Judas está incumpliendo su promesa de fidelidad. El líder rabino le espetó:

— ¿Cuánto quieres?

— Dadme treinta monedas de plata y yo os lo entregaré, sé dónde se esconde.

Justo en ese instante Jesús estaba dándoles los últimos consejos a los apóstoles en una casa. Dios ya le había advertido de lo que sucedería. Le había revelado que se acercaba la hora de decir adiós a este mundo. El Profeta Misericordioso les decía sus últimas palabras a los apóstoles.

— Me voy para que venga el Señor del Universo. Me voy para que el último Profeta Ahmed venga. (Aquí se hace referencia al Profeta Muhammad)

Poco después se oían por las calles los pasos de cientos de personas. Delante iba Judas, y detrás un grupo soldados romanos junto a cientos de personas renegadas que, aprovechándose de la oscuridad de la noche, iban a la casa donde se encontraba Jesús. Rezaba... Sus apóstoles estaban sumidos en un profundo sueño.

Cuando el grupo de pecadores se reunió a la puerta de casa, Dios ordenó que Gabriel, Rafael, Miguel y Azrail se llevaran a Jesús de ahí. Los ángeles bajaron inmediatamente y se lo llevaron vivo. Nadie pudo ver lo sucedido, ni siquiera los apóstoles. Dios elevó a Jesús al cielo. El Poder divino no permitió que los incrédulos tocaran su cuerpo.

Poco después Judas entró en la habitación. Buscó a Jesús con los ojos pero no lo vio. Les preguntó a los apóstoles uno por uno dónde estaba Jesús.

Abriendo los ojos con sorpresa miraban a Judas. ¡Qué tipo de pregunta era! Uno de los apóstoles:

— ¿Qué pregunta es esa? ¡Jesús eres tú!

Judas no entendió nada. Preguntó de nuevo pero todos los apóstoles le miraban muy sorprendidos. Mejor dicho miraban a Judas creyendo que él era Jesús. Dios le había cambiado el rostro y parecía Jesús. Dios castigaba así a los traidores.

Los soldados que entraron en la habitación a continuación de Judas pensaron que él era Jesús. Judas dijo resistiéndose:

— Yo no soy Jesús.

Era inútil, nadie le creía. Lo llevaron ante los israelitas. Le torturaron y después lo crucificaron. Así fue como Judas pagó la traición.

Los mensajes divinos que trajo Jesús fueron más tarde tergiversados y malinterpretados. La gente perdió de nuevo el rumbo. Una vez más las nubes negras cubrieron el horizonte. El demonio una vez más engañó a las personas.

Pasaron seiscientos años. La gente pasó todo este tiempo desconcertada. El mundo oscuro esperaba la llegada de la luz y en el horizonte aparecieron señales de que faltaba poco para la llegada del Último Profeta, tal y como anunciaban el Antiguo Testamento transmitido por Moisés y la Biblia transmitida por Jesús.

Toda la esperanza de la gente estaba puesta en el Último Salvador. Todo hacía pensar que llegaría pronto. La oscuridad iba a ser sustituida por la luz. Todo el universo espera al Sol del Universo que iba a nacer en La Meca.

# EL PROFETA MUHAMMAD

## (Que la paz y las bendiciones de Dios estén con él)

Abdulmuttalip se despertó emocionado a medianoche. ¿Había amanecido? Cuando miró afuera desde la puerta de la tienda, vio que la noche cubría las vastas dunas en el silencio profundo del desierto y las estrellas iluminaban sin descansar ni un solo momento. Se dijo: «¡Qué maravilla de paisaje!» Sin embargo, ¿por qué estaba despierto a esa hora? Cerró la puerta de la tienda y regresó a la cama. A la hora de dormirse, se levantó de un salto. Era el mismo sueño que se repetía una y otra vez.

Esta vez, el sueño no daba lugar a dudas. Alguien le decía así:

— ¡Abre el Zamzam!

Abdulmuttalip le preguntó:

— ¿Qué es el Zamzam?

La voz dijo insistentemente en el mismo tono:

— ¡Abre el Zamzam!

Cuando se quitó de encima la colcha el corazón le daba saltos. La voz hacía eco en sus oídos. Se levantó, abrió la puerta de la tienda y salió al vasto desierto.

¿Qué significaba el Zamzam? De repente, se encendió una luz que venía de muy lejos, desde las profundidades de la Historia, sobre aquel secreto. El Zamzam era un pozo. Era un manantial que había surgido de entre los pies de Ismael, ¿pero por qué esa extraña voz le había dicho que abriera el Zamzam? Se le ocurrió más de una respuesta. La más importante era cumplir con la tradición de ofrecer agua a los peregrinos de la Kaba. Sin embargo, había muchos pozos dedicados a ese servicio. ¿Por qué el Zamzam era un pozo especial?

Mientras la oscuridad de la noche cubría las vastas dunas, Abdul-muttalip se sentó sobre una duna y se quedó absorto en sus pensamientos. Se acordó otra vez del manantial del que se decía había surgido de los pies de Ismael.

Según los rumores que circulaban entre la gente, el pozo de Zamzam se cerró con el paso del tiempo y otros fueron cavados lejos del Zamzam.

Cuando el sol salía del horizonte sobre los desiertos, las montañas, los valles y las ciudades de la Península Arábiga, el líder de la tribu Quraysh, Abdulmuttalip, declaraba a los suyos su decisión de abrir el pozo del Zamzam. Cuando él mostró el lugar en el que pensaba cavar el pozo, la tribu Quraysh se opuso porque ese lugar estaba entre los ídolos «isaf» y «naile» que ellos adoraban.

Habló mucho para convencerles. Abdulmuttalip tenía sólo un hijo. Si hubiera tenido muchos hijos, habría sido más fácil llevar a cabo sus decisiones. Estos días, entre las tribus árabes, tener hijos y parientes significaba ser poderoso y prestigioso. Un líder que tenía una familia grande podía hacer lo que quisiera.

Abdulmuttalip estaba solo y triste. Las palabras de la gente le molestaban. Cuando llegó a la Kaba, se le ocurrió una idea. Abrió las manos y rezó: «¡Si Dios me da diez hijos, juro sacrificar a uno de ellos por Dios en la Kaba!» En ese momento, las puertas del cielo estaban abiertas. Era una hora en la que no se rechazaba ninguna súplica.

Sin pasar ni un año, su esposa dio a luz a su segundo hijo. El año siguiente dio a luz a otro hijo más. Así, cada año nació uno. El número de los hijos aumentó hasta diez.

Pasaron los años y crecieron los hijos de Abdulmuttalip. Ya tenía una familia fuerte. No debía tener miedo de nadie. Podía hacer lo que quisiera y podía reprimir a los que se le opusieran. Un día, cavó el pozo en el lugar que la voz le mostraba en el sueño. Tocaba cumplir su promesa. Sin embargo, ¿a quién sacrificaría? Por fin, decidió echarlo a suertes. Escribió en pequeños papeles los nombres de todos los hijos, los puso en una bolsa y eligió uno. Era Abdullah. ¿Abdullah? Cuando la gente oyó el nombre de Abdullah se revolvió. Dijeron que no permitirían que él sacrificara a Abdullah.

Abdullah era el perfecto hombre de la Península Arábiga. Era muy decente, como los Profetas. Era muy tolerante y lleno de amor como Jesús, valiente como Moisés, tenía buena voz como David y buen corazón como Juan. Era un hombre de gran corazón lleno de amor a la creación.

En toda su vida, no se había enfadado, no había levantado la voz ni había puesto mala cara a nadie. En la Península Arábiga nadie tenía una sonrisa como la suya, nadie tenía la conciencia limpia como él y nadie tenía el alma tan tranquila como un oasis en el desierto. ¿Cómo podía ser sacrificado? Por eso, la gente se opuso cuando oyó el nombre de Abdullah y dijeron todos:

— No. ¡Es imposible! Sacrificaremos a nuestros hijos en lugar de Abdullah.

— Si lo sacrificamos, nunca vendrá otro como él.

— ¡Abdulmuttalip! ¡Espera! Lo mejor es que vayamos a un adivino para resolver el asunto.

Abdulmuttalip se sorprendió mucho al ver las reacciones de la gente y tuvo que posponer el sacrificio. Una gran multitud fue a una adivina conocida por su sabiduría. La mujer les dijo:

— ¿Cuál es la cantidad que se paga a cambio de la vida de alguien en vuestra tradición?

La gente respondió:

— Diez camellos.

Entonces la adivina dijo:

— Traed diez camellos. Echadlo a suertes entre Abdullah y los camellos. Si sale el nombre de Abdullah, añadid diez camellos más y probadlo otra vez. Si resulta otra vez el nombre de Abdullah añadid diez camellos más. Seguid probando hasta que toquen los camellos.

Todos regresaron a la Kaba y trajeron diez camellos. En el primer sorteo tocó el nombre de Abdullah. Añadieron diez camellos más y probaron otra vez. Otra vez salió el nombre de Abdullah. El tercero, el cuarto, el quinto… Cada vez aparecía el nombre de Abdullah y ellos añadían diez camellos más y seguían probando. Cuando el número de los camellos aumentó hasta cien, salieron los camellos. En el décimo sorteo salieron elegidos los camellos y Abdullah se salvó de la muerte.

En ese momento, había una atmósfera de gran emotividad entre la gente que rodeaba la Kaba. Todo el mundo estaba llorando por la salvación del joven radiante. Sacrificaron cien camellos y los repartieron.

Su padre, sin duda, se alegró más de la salvación de Abdullah que nadie porque era el que más quería entre sus hijos. Quería casar a Abdullah con la chica más guapa, mejor educada y más noble de la Península Arábiga. El mismo día, al salir de la Kaba, fue a la casa de Wahb y le pidió casar a Abdullah con Ámina. Ámina era una chica brillante como las flores del paraíso y limpia como las nubes de la primavera. Al oír la noticia, todas las chicas de la Península Arábiga envidiaron la suerte de Ámina porque se casaría con el joven más guapo y más valiente de los árabes.

Cuando llegó el día de la boda, hicieron hogueras en las colinas de La Meca para que guiaran a los invitados que vendrían de lejos. Sacrificaron camellos y ovejas. Los parientes, los extranjeros, los pobres, los ricos... todo el mundo comió y bebió hasta saciarse.

Ya habían pasado dos meses después de la boda y era la hora de separarse para la pareja que vivía muy feliz. Abdullah tenía que participar en la caravana comercial que iba a Damasco. La última cosa que vio Ámina fue la cara brillante de Abdullah. Se volvió y le miró hasta que desapareció. Poco después, en el horizonte, la silueta de la caravana se perdió totalmente.

¿Cómo podía saber que no volvería a ver a su marido otra vez? Después de un mes, cuando fue a visitar a sus tíos, entregó su alma a Dios y su cuerpo a la tierra. Abdullah, el hijo de Abdulmuttalip falleció. Tenía 25 años. La noticia de la muerte de Abdullah llegó a todas los rincones de la Península Arábiga. Por fin, la mala noticia llegó a casa de Ámina. La mujer, casada desde hacía dos meses, se conmovió y se deshizo en lágrimas con la noticia de la muerte de su marido, se preguntaba: «Si Dios quería llevárselo al cabo de tan poco tiempo, ¿por qué le perdonó la vida a cambio de cien camellos?»

En ese momento, sintió que el niño que llevaba en el vientre se movía. ¡Estaba embarazada! Al comprenderlo, empezó a llorar aún más. Ámina estaba llorando porque se había quedado viuda cuando era muy joven y por la situación del niño que había perdido a su padre antes incluso de nacer.

Ese Huérfano cargaría con las penas de todos los huérfanos, todos los pobres y todos los oprimidos de la Tierra. Él sería el último Mensajero de Dios, el símbolo de la misericordia. Solamente, los que sufrieron y pasaron penas pueden saber el significado de la misericordia y la piedad. Ese niño, se alimentaba con la orfandad y la tristeza.

Pasaron los días. Se secaron las lágrimas de la madre. Sin embargo, su tristeza parecía a un árbol que crecía teniendo cada vez más sed. Pasaron los días y su tristeza aumentaba sin cesar.

Era extraño que no sintiera el dolor de llevar el bebé en el vientre; al contrario, sentía que se había aligerado tanto como si volara como los pájaros. Además, si no tuviera una profunda pena en su interior, sería imposible encontrar a una mujer tan feliz como ella en el mundo. ¡Cómo podía saber que llevaba dentro al último Profeta!

El nacimiento estaba cerca. En esos días, el ejército de Abrahah llegó a La Meca.

Abrahah, gobernador en Yemen del Rey de Abisinia, era un hombre idiota. Preparó un ejército de fuertes soldados para ocupar la Península Arábiga y especialmente para derribar la Kaba. En el ejército, había elefantes salvajes usados en lugar de los tanques de nuestra época. Hasta entonces, no había sido derrotado en ninguna guerra. Su ejército arruinaba las ciudades como una tempestad y llevaban la muerte a los lugares por los que pasaba. Según las noticias que recibieron, Abrahah se acercaba a La Meca. Al recibir las noticias, la gente de La Meca huyó de la ciudad y se refugió en las montañas.

Luego, dijeron a Abrahah que el líder de los Qurayshies quería hablar con él. Abdulmuttalip parecía muy seguro al entrar en la tienda de Abrahah. Cuando Abrahah le preguntó por qué venía, Abdulmuttalip le respondió así:

— Tus hombres han usurpado mis camellos; estoy aquí para pedirlos de vuelta.

Abrahah dijo sorprendido:

— ¡Qué raro! He venido para derribar la Kaba que es sagrada para ti y tú tan solo piensas en tus camellos.

Entonces, Abdulmuttalip dijo estas históricas palabras en respuesta:

— Yo soy el dueño de los camellos y la Kaba, a su vez, tiene dueño. Él protegerá la Kaba.

El ejército estaba enfrente de la Kaba. Abrahah iba a dar la orden y los elefantes gigantescos arruinarían la Kaba. Finalmente dio la orden de atacar.

Sin embargo, los elefantes no obedecieron. Permanecieron petrificados como una roca y no dieron ni un paso adelante. Como los elefantes iban a la vanguardia del ejército, el resto de los soldados no pudo avanzar. Abrahah preguntó a sus comandantes por qué no avanzaban los guerreros y los comandantes dijeron que los elefantes no querían moverse. Entonces dijo que los azotaran. Sin embargo, todo fue en vano.

De repente, los ojos de los elefantes se abrieron con un temor desconocido. No sólo estaban temblando sino que fueron presas del pánico y lanzaban gritos de temor. En ese momento, el temor cubrió los corazones de los soldados. Un hombre de La Meca gritó asustado ante el gran ejército de Abrahah:

— ¿Quién protegerá la Kaba del ejército de Abrahah?

Abdulmuttalip le respondió así:

— ¿No es la Kaba la Casa de Dios? Claro que el Dueño de la Kaba la protegerá.

Nada más terminar de hablar Abdulmuttalip, el cielo se cubrió de bandadas de pájaros del color de la oscuridad de la noche. Cada pájaro llevaba guijarros de fuego en su pico. Un ángel les dijo a los pájaros:

— Cuando yo me detenga sobre el ejército de Abrahah, los arrojaréis.

Aunque habían pasado tres días tras el sitio, los elefantes gritaban sin cesar de miedo. Cuando uno de los soldados miró al cielo, vio una nube oscura que venía de lejos sobre ellos y gritó:

— ¡Mirad lo que viene!

Todos los soldados miraron asustados a la cosa que se acercaba. Uno de ellos gritó temeroso:

— ¡No es una nube! ¡Es una bandada de pájaros, son miles! ¡Señor Mío!

Miles de pájaros que llenaban el horizonte, cubrían la luz del Sol. No se podían ver uno al otro. Un poco después, empezó a llover a cántaros guijarros de fuego. Cada pájaro descargaba el guijarro que llevaba en el pico. Los alrededores se convirtieron en un infierno. Nada más tocar los cuerpos de los soldados, los guijarros les quemaban. Dios castigaba así a los que venían a derribar la Kaba.

Abrahah huyó del campo con heridas de gravedad pero murió en el camino. Así, él y su ejército se convirtieron en dunas con las que jugaba el viento.

Había oculto un gran secreto en la protección de la Kaba por su Dueño. El nacimiento del último Profeta estaba cerca.

Ámina estaba soñando en el momento en que la gente de La Meca celebraba la salvación de la Kaba. Ella estaba en un vasto desierto. De repente, salía una luz brillante de su cuerpo. La luz crecía tanto que llenaba el espacio de este a oeste. Luego, la luz subía al cielo e iluminaba todo el cielo. Al despertarse, Ámina pensó qué significaría el sueño pero no pudo darle sentido.

Después de unos días, en el año del Elefante, el doceavo día del mes de Rabiu'l Awwal, un lunes al amanecer Ámina dio a luz a Muhammad.

Antes de su nacimiento, el mundo tenía sed de su existencia. Todo el mundo tenía hambre de amor, de piedad y de justicia. Habían pasado unos seiscientos años después del nacimiento de Jesús y los cristianos se habían desviado de su camino. Incluso, los judíos se habían ya olvidado de las doctrinas de Moisés y se dedicaban a cosas de este mundo dejando el otro, aparte.

Espiritualmente, el mundo era como un desierto. Los corazones que morían de sed esperaban a que su salvador les ofreciera agua. En ese momento, surgió una fuente de fe pura desde Oriente. Era una fuente de vida que saciaría la sed de verdad de la humanidad. Gracias al Poder Eterno de Dios, esa fuente surgía en el desierto más seco del mundo, en la Península Arábiga.

Así, mientras las dunas doradas se extendían hasta el horizonte, de lejos, en una casa modesta de La Meca, se lanzaban gritos de alegría. Nacía un huérfano, un huérfano que al crecer quitaría la sed de amor, de justicia, de libertad de todo el mundo.

Muy cerca de donde había nacido, ídolos de todas clases estaban esparcidos por la Kaba. Había centenares de ídolos hechos de piedra y de barro alrededor de la Kaba, lugar que Abraham e Ismael habían cons-

truido para servir a Dios el Único. La razón no actuaba. Las cabezas·
estaban entorpecidas y los pensamientos helados.

En una ciudad lejos de La Meca, en Medina había judíos que es-
capaban de los bizantinos para salvar sus vidas. Habían usurpado las tierras más fecundas de la ciudad y los bazares en los que se hacían com-
pras. Aprovechando la total división de los árabes, habían construido
un sistema colonial.

El Imperio Romano de Oriente, Bizancio, que estaba muy lejos de
la Península Árabe, era como un águila vieja y enferma que solamente
podía vencer a los débiles. Los romanos —como así se hacían llamar así
mismos los bizantinos por ser herederos del antiguo Imperio Romano—
adoraban al poder y a la autoridad también.

En la zona este de la Península se encontraban los persas que adoraban al fuego y al agua. Sacrificaban animales y se postraban ante el fuego que hacían en sus templos. El lago de Sawa que estaba en las fronteras del país era sagrado para ellos. Su rey se llamaba Cosroes y sus decisiones eran indiscutibles.

En esa época, los persas habían vencido a los romanos y poseían
gran poder sobre el terreno. Económicamente eran muy poderosos pero la adoración al fuego como si de un dios se tratara demostraba la
estupidez persa.

Pasando los días, las tinieblas que rodeaban todo el mundo se os-
curecían más y más. La vida se había convertido en un bosque en el
que los poderosos vencían a los débiles y donde el mal reprimía el bien.
La razón entregada por el Creador a los hombres como un beneficio incomparable adoraba a las piedras o se rendía ante el temor que infun-
dían los Reyes a los corazones.

En una atmósfera así nació un niño. En los primeros segundos que
abrió sus ojos, el fuego sagrado adorado por los persas en los templos se
apagó de repente. El lago de Sawa se secó. En la corte magnífica del rey
Cosroes, las catorce columnas gigantescas se derrumbaron. Nadie pudo dar ninguna explicación a estos sucesos sin causa alguna aparente.
Satanás, la fuente de la maldad, sintió que su corazón oscuro se partía
de sufrimiento.

Esos sucesos extraordinarios demostraban la derrota de los poderes oscuros; la victoria de la razón sobre la esclavitud de las supersticiones era el símbolo de su regreso a Dios.

Nada más nacer el bebe, informaron a su abuelo. Abdulmuttalip fue a la casa de Ámina inmediatamente. Apretó al bebe contra su pecho, lo envolvió y lo olió. Luego, lo llevó a la Kaba y empezó a hacer el tawaf (dar vueltas alrededor de la Kaba). ¿Qué nombre tenía que ponerle?

Cuando llegó la noche y Abdulmuttalip se adormeció, vino el mismo ángel que le había dicho que abriera el pozo de Zamzam y le susurró al oído:

— ¡Ponle el nombre de Muhammad, que merecerá el elogio de todos en el Cielo y la Tierra!

Al día siguiente, la gente de La Meca le preguntó:

— ¿Qué nombre le has puesto a tu nieto?

Abdulmuttalip dijo:

— ¡Muhammad!

Entonces, preguntaron otra vez:

— Le has puesto un nombre diferente del de tus padres. ¿Por qué Muhammad?

Abdulmuttalip repitió las palabras del ángel:

— Quiero que Dios y los seres humanos le elogien. Quiero que merezca el elogio de los ángeles del Cielo y de los humanos en la Tierra. Y el tiempo demostró que él merecía el elogio de los del Cielo y de los de la Tierra.

Ese Gran Huérfano, había perdido a su padre cuando llevaba tres meses en el vientre de su madre. La madre lo abrazó, lo besó, apretó a su crío contra el pecho y empezó a esperar a las nodrizas que vendrían de las tribus del desierto. Según las tradiciones de esa época, las nodrizas venían a La Meca, cogían a los bebes de las familias ricas y nobles y regresaban a sus tribus. Las nodrizas los criaban hasta los 5 o los 6 años. Luego, los devolvían a las familias.

Como Muhammad era de una familia modesta, ninguna de las nodrizas quiso cogerlo. Mientras los otros bebes bebían la leche de las nodrizas, Muhammad tenía hambre. La Sabiduría Divina le preparaba para una gran misión futura. Dios enseñaba el significado del hambre y de la orfandad a Muhammad que abrazaría a los huérfanos y a los que tuvieran hambre y los llevaría al mundo de la salvación en el futuro.

Halima, una de las nodrizas, vino a la casa de Ámina y abrazó al bebé. Era una mujer pobre. Preguntó a los de la casa:

— ¿Quién es su padre?

— Murió hace tiempo.

— ¿Es rico su abuelo?

— No, no lo es.

Las otras nodrizas habían escogido a los bebés de las familias ricas y Halima se había quedado sin bebé. Miró a la cara brillante de Muhammad y dijo:

— Hace unos años que no tengo mucha comida y eres un pobre huérfano. No sé cómo me harás un favor. La verdad es que no quiero volver sin nada.

¿Cómo podía saber Halima que al abrazar el Huérfano su nombre sería escrito en la historia, con letras que no se borrarían? ¿Habría dicho lo mismo si supiera que el bebé que abrazó era el Señor de la humanidad?

Halima regresó a su tribu con un bebé huérfano. En realidad, ese huérfano era la fuente de la abundancia. Al regresar a su casa, Halima vio cómo beneficios de todo tipo empezaron a llover sobre su familia. Las tierras áridas se convirtieron en tierras verdes y fecundas, las palmeras secas reverdecieron y dieron gran cantidad de frutos. El número de ovejas aumentó sorprendentemente. Engordaron las vacas y la leche que daban se duplicaba. Halima comprendió el misterio de los extraordinarios beneficios. Sí, era el Huérfano bendito. Cuando Muhammad tenía cinco años, se realizó un milagro en su cuerpo. El Arcángel Gabriel había descendido al mundo para ejecutar un misterio. Le dijo que se echara al suelo, abrió su pecho y le lavó el corazón con el elixir de la misericordia iluminándole con luces divinas. En ese momento, Satanás gritó:

— ¡Ay de mí! ¡No podré ejercer influencias sobre su corazón! Desde ahora, sin descender ni un momento, subirá a los cielos.

Después de que Gabriel le lavara el corazón, los ángeles le dijeron:

— Este niño tendrá una dignidad que antes nadie pudo tener y desde ahora nadie podrá tenerla tampoco.

La vida de aquel niño cuyo corazón fue lavado con destellos divinos cambió totalmente. Al llamarlo «niño» mi pluma está temblando. ¿Podemos llamarlo «niño»? Es que Él vivía como un adulto cuando era niño. Mientras los otros niños jugaban, se sentaba a un lado, miraba al cielo y se sumergía en profundos pensamientos. La seria expresión de cara que tenía solamente la tenían los mayores.

Pasaron los años. Era la hora de separarse de Halima y encontrarse con su madre.

Muhammad experimentó con su madre Ámina la tristeza, que adquirió una forma extraordinaria en su cara. Un gran ejemplo de fidelidad, Ámina, no se había olvidado nunca de su fallecido marido.

Un día, levantó a su niño y se puso en camino hacia Medina para visitar la tumba de su marido. El sol quemaba mucho en los desiertos árabes. La distancia entre las dos ciudades era de quinientos kilómetros. Ámina, su niño de seis años y la sirvienta seguían por un camino en el que no se veía ninguna huella de vida.

Después de un viaje agotador, llegaron a Medina. Se quedaron un mes con los tíos de Muhammad y luego se pusieron en camino a La Meca. Ámina enfermó en el camino y unos días después murió. El Huérfano de seis años perdía así a su madre. El corazón de la vieja sirvienta Ummu Ayman que les acompañaba durante el camino lloraba por Muhammad, por el Sultán de los Profetas que había perdido a su padre antes del nacimiento y perdió a su madre cuando tenía seis años...

Un día, los Ashab-i Kiram ( los discípulos del Profeta) preguntaron al Profeta Muhammad:

— ¡Señor Mensajero de Dios! ¿Puedes hablarnos de ti?

El Mensajero de Dios dijo:

— Conocer a Dios es mi única posesión, la razón es la luz que me ilumina, el amor es mi único objetivo, encuentro consuelo en pronunciar la palabra de Dios, la tristeza es mi única amiga en la vida.

Él sufrió a lo largo de su vida para dar ánimo a las almas muertas. Los que le recordaban, hablaban de él como el Profeta de la tristeza, que sacrificó su vida por los demás.

Vivió en el medio del desierto con el corazón abierto a todos. La sociedad en la que vivió consistía de ignorantes, borrachos, idólatras, traficantes de alcohol, poetas, guerreros y líderes de las tribus. En esa extraña atmósfera del desierto, los corazones ignorantes se entorpecían pero las miradas de los corazones iluminados por la luz de la verdad estaban más abiertas. Las rosas revivían más hermosas mientras sus espinas se secaban.

Cuando era niño, la mayor parte de su tiempo lo pasó en silencio, mejor dicho, escuchando y pensando. No hablaba si no era de algo serio. Mientras los otros niños jugaban, él se sentaba en un lado, miraba las dunas que se reunían en el horizonte y pensaba. Se callaba pero el corazón y la razón actuaban a la perfección. Aunque era un niño, veía que la gente adoraba a los ídolos y se asombraba. ¿Cómo podían adorar a los ídolos que no podían hablar, ni podían oír y no podían hacer daño ni favor a nadie?

Como a su antepasado, el Profeta Abraham, los ídolos le parecían absurdos e insignificantes; por eso, nunca los adoró. Sin embargo, sentía mucho más que Abraham la situación de la gente. Estaba triste y afligido porque la razón, dada por Dios para encontrar la verdad, adoraba ahora a las piedras, al oro y al poder.

A veces se metía entre la gente y escuchaba a los que hablaban. Fue testigo de discusiones, desacuerdos y peleas. No valían la pena las causas de los asesinatos. ¿Cómo no podían comprenderlo? Al pensarlo, su confusión aumentaba y le invadía una gran tristeza.

¿No sabían que morirían un día? ¿Tenían sentido las luchas que tantas maldades traían para las personas?

Al crecer, disminuía su tendencia a los placeres y los bienes del mundo. Poco después, la gente de La Meca empezó a hablar de que él no se parecía a los demás. Él era diferente e incomparable.

A la hora de comer, si se posaba una paloma hambrienta a su lado, le dejaba su comida. Si se le acercaba un pobre gato o un perro sin dueño les daba el bocado de su boca. Si veía a un niño hambriento o un pobre desamparado, le regalaba su vestido sin vacilar. La verdad es que él era diferente. Muchas noches quedó hambriento porque había dado su comida a otro.

Tenía que trabajar para poder subsistir. Antes, trabajó como un pastor y luego fue comerciante. Cuando tenía trece años, Muhammad fue a Damasco con la caravana de su tío Abu Talip.

Durante el camino tuvo la oportunidad de ver de cerca las vidas de los habitantes de diferentes países. Al ver el ignorante estado en que se encontraba la humanidad se asustaba aún más. Dondequiera que fuera el ser humano era igual. El tiempo pasaba, el lugar cambiaba pero el ser humano no. Siempre las razones de las luchas eran las mismas en todas partes: el dinero, los propios intereses, el poder, los placeres del mundo.

Cada vez que veía que la humanidad se confundía entre las garras del ego y Satanás, se ponía muy triste, le dolía el corazón y meditaba profundamente.

Muhammad sabía bien que Su Señor, que había creado el Universo de la nada y lo había adornado con bellezas, no abandonaría a la humanidad. Antes de ser Profeta, le palpitaba el corazón con la fe de Dios. Sí, Muhammad, el Profeta de los Profetas vivía como un Profeta antes ya de serlo.

Mientras los jóvenes de La Meca estaban muy orgullosos del número de copas que tomaban y los poemas que escribían para las mujeres, Muhammad descubrió una cueva tranquila en una montaña grande. Era la cueva de Hira. Pasaba sus mejores momentos en la cueva de Hira. Allí, con todo su corazón y mente, profundizaba en el Universo y los misterios de la creación.

Cuando se casó con Jadiya, el tenía veinticinco años y Jadiya cuarenta. Jadiya era una mujer rica que se ganaba la vida por medio del comercio.

Jadiya sabía que Muhammad era el más fiel, el más leal y el más decente de su sociedad y le propuso ser el líder de la caravana comercial que lo llevaría a Damasco.

Muhammad ganó mucho dinero en Damasco y le entregó toda la ganancia hasta el último céntimo. Se admiró de que Muhammad cumpliera de ese modo con lo que se le había asignado. Poco después, le propuso a Muhammad casarse. La noche de la fiesta de compromiso, su tío Abu Talip hablaba de su sobrino Muhammad así: «No hay nadie parecido a él entre los jóvenes de La Meca. Es imposible encontrar a uno más decente y más inteligente que él. Su riqueza es poca pero la verdadera riqueza es la riqueza de su corazón».

Después de casarse Nuestro Profeta no abandonó el camino que había comenzado a andar para descubrir el misterio de la existencia. Cada mes de Ramadán se refugiaba en la Cueva de Hira y reflexionaba sobre el Poder Infinito del arte creador de una existencia tan magnífica.

De nuevo, un día del mes de Ramadán estando en la Cueva de Hira se sumió en profundas reflexiones. En ese instante se presentó ante él el Ángel Gabriel. Su interior se atemorizó ante dicha visión. El Ángel le dijo:

— Lee esto.

Nuestro Profeta le respondió:

— No sé leer.

El Ángel le pidió de nuevo que leyera. El Profeta respondió.

— Yo no sé leer.

Por ello Gabriel le dijo:

— Lee en nombre de Dios que crea de la nada.

Se abría entonces una nueva página en la vida del Profeta Muhammad. Dios le mandó la inspiración divina nombrándole profeta de la humanidad. Era el último eslabón de la cadena de profetas. Dios no mandaría profeta alguno tras Muhammad. Aunque la labor de los anteriores profetas se había limitado a determinadas sociedades, la misión de Muhammad era universal. De igual modo se enfrentó a las dificultades de las que habían sido víctimas los anteriores profetas: violencia, intrigas, burlas, intolerancia. Pero él las encaró incansablemente con paciencia, perdón e infinita resignación.

Era el año de la tristeza. En efecto, ese año pasó a la Historia como «el año de la tristeza».

Este año murió Jadiya, la esposa del Profeta Muhammad. Ella fue la primera en aceptar la Revelación. También su tío Abu Talib murió este año. Él había protegido al Profeta de las torturas de los mequíes.

La tribu de los Quraysh intentaba impedirle vivir en La Meca. Organizaron boicots contra los musulmanes y les prohibieron vender y comprar cosas. Morirían de hambre todos los musulmanes, si no adoraban a sus ídolos. Pero ese fue un intento vano.

Un día, el Mensajero de Dios rezaba ante la Kaba. Cuando estaba haciendo la sayda (la postración) los idólatras de Quraysh trajeron la tripa de un camello y la pusieron en los hombros del Profeta. Además de esto, pusieron piedras y tierra sobre ella y empezaron a burlarse de él. ¡Qué situación tan horrible! Al oírlo, su hija Fátima vino corriendo a la Kaba. Fátima se deshizo en lágrimas y mientras limpieba la suciedad de la cara de su padre, reprendía a los que lo habían hecho. Cuando el Profeta vio la situación de su hija, dijo para consolarla:

— ¡Hija mía! ¡No te preocupes! ¡Dios protegerá a tu padre!

La gente de La Meca le hizo sufrir mucho. Intentaba hacerles comprender la verdad por todos los medios. Sin embargo, sus corazones como piedras eran ciegos como los ídolos hechos por ellos.

El Mensajero de Dios buscaba un alma abierta a la verdad. Tocaba a las puertas y hablaba de Dios a cada ser humano. Sabía que debía ir a los pueblos vecinos de La Meca para mostrar el camino recto a la gente de estos pueblos.

Pensaba ir a Taif. Quizás podría encontrar a alguien para salvarlo de la incredulidad. Pero Taif está muy lejos de La Meca. El camino dura días hasta Taif. En el desierto hace mucho calor y tanto para los camellos más fuertes como para los humanos es muy difícil viajar allí. Los caminos que van a Taif son peligrosos. Pero los sufrimientos en el camino de Dios, en el camino de llamar a la gente a la salvación son sagrados, especialmente, si se puede encontrar a un alma abierta a la fe.

En su marcha a Taif había un hombre joven, Zayd ibn Hariza.

Llegaron a Taif y tocaron todas las puertas para mostrar a la gente el camino de la salvación. Hablaron de Dios a todo el mundo sin cesar. Las palabras que salían de su boca eran capaces de fundir las rocas pero los corazones eran más duros que las rocas. Sus almas estaban perdidas en la oscuridad profunda de la ignorancia y no quisieron creerlo.

Además de esto, reunieron a los hijos de Taif y les hicieron tirar piedras al Mensajero de Dios. Le manaba sangre por todo cuerpo al Profeta.

Zayd Ibn Hariza, que intentaba proteger al Profeta de las piedras, también estaba herido de muerte. Se refugiaron en un jardín. Mientras Zayd intentaba quitarle la sangre frotando la cara del Mensajero de Dios, él miró hacia al cielo y dijo: «¡Señor Mío! Me quejo a Ti por mi debilidad, por la carencia de recursos y el desprecio que despierto ante aquella gente. Eres el Más Misericordioso de los misericordiosos, el Señor del oprimido y mi Señor. ¿En manos de quién me abandonas, a aquel forastero que mira con recelo y me hace muecas? ¿O a aquel enemigo a quien Tú has dado el dominio sobre mí? Si Tu indignación no es dirigida a mí, no tengo ninguna preocupación. Pero el deseo de obtener Tu gracia es lo más sublime para mí. Busco refugio en la luz de Tu Esencia, que alumbra toda la oscuridad y con la que los asuntos de esta vida y del Más Allá se han ordenado correctamente, no sea que Tu ira o Tu indignación desciendan sobre mí. Espero Tu perdón hasta que Tú estés satisfecho. No hay ningún recurso o poder sino el que Tú tienes».

Después de decir esto, notó que alguien le ofrecía un plato. Puso uvas sobre el mismo y se lo llevó a Muhammad. El Mensajero de Dios dijo «¡En el Nombre de Dios!» y empezó a comer. Esto sorprendió a Addas, ya que era la primera vez que él había oído esta frase entre los idólatras. Entonces preguntó al Profeta quién era y por qué había venido a Taif. Entonces, el Mensajero de Dios le preguntó a Addas quién era.

— Soy Addas, de Nínive.

— O sea eres de la ciudad del recto Yunus, hijo de Matta.

— ¿Cómo has oído hablar tú de Yunus el hijo de Matta?

— Porque él fue un profeta y yo soy un profeta también.

Entonces Addas se inclinó hacia él y le besó las manos y se hizo musulmán. Había encontrado al Mensajero que buscaba desde hacía muchos años.

Si no hubiera ocurrido este acontecimiento, el Mensajero de Dios habría vuelto de Taif muy triste. No estaba triste porque le hicieron sufrir, sino porque ninguno de ellos había creído en él. Pero ahora estaba muy feliz porque Addas creyó.

Cuando regresaron a La Meca, vieron las mismas caras y almas oscuras. Otra vez pena, sufrimiento, la mugre acumulada por los caminos, las espinas y torturas para los musulmanes.

El Profeta estaba triste mientras circunvalaba la Kaba. Se había puesto pálido de tanto llorar por la situación de la humanidad. En estos días, Dios preparaba un favor para su Mensajero.

Era la medianoche… En una casa humilde de La Meca, el Mensajero de Dios estaba descansando acostado sobre una estera en el suelo. Había un silencio sepulcral en el Universo. El silencio había alarmado su tienda, en los desiertos. Soplaba un viento de paz en los alrededores. Iba a ocurrir algo. Se callaron los animales salvajes del desierto, el Zamzam empezó a brotar sin ruido.

Cuando las alas de Gabriel tocaban la arena del desierto temblaba toda la Tierra. Al cabo de un rato entró en la casa de Ummu Hani, en la habitación en la que el Mensajero de Dios estaba descansando. El Arcángel Gabriel miró a la luz que asomaba en el rostro del Amado de Dios. Miró otra vez y quedó así.

No se sabe cuánto tiempo pasó… Gabriel estaba en la Tierra por una misión sublime. Sacudió el hombro del Profeta para despertarle. El Profeta abrió los ojos y al ver a Gabriel le sonrió. Gabriel dijo:

– ¡Gran Profeta! ¡La Paz sea contigo! Dios quiere mostrarte algunas de sus maravillas en el Universo.

Los dos amigos salieron juntos de la casa. El Profeta vio a Buraq que era una yegua de luz con alas como un águila. Buraq saludó al Mensajero de Dios, se inclinó para que ellos montaran. Los dos montaron y se fueron… Volaron como un arco de luz. Pasaron las montañas de La Meca, los desiertos de la Península Arábiga y fueron hacia el norte.

El Profeta Muhammad se bajo de Buraq, que volaba veloz como un rayo, y entró en Jerusalén con Gabriel. Vio que todos los profetas le esperaban en la Sagrada Mezquita, desde el profeta Adán hasta el profeta Jesús.

Los ángeles le ofrecieron dos copas, una de leche y otra de vino. Cuando el Profeta eligió la copa de leche, Gabriel dijo:

— Has elegido la naturaleza limpia y tu comunidad (Umma) elegirá la misma.

Los profetas le saludaron cuando lo vieron y entonces Gabriel dijo:

— Dios quiere que seas el imán de los profetas para dirigir la oración.

El Mensajero de Dios fue el imán de los profetas, se encaminó al *mihrab* y dirigió la oración. Los ángeles miraron el acto de oración realizado en Jerusalén con admiración. El Mensajero de Dios recitó las aleyas reveladas durante la oración. Se deshizo en lágrimas mientras leía; mientras lloraba, la congregación de los profetas también lloraba. Lloraba todo el Universo... Cuando se postraba el Profeta ante Dios, se postraban todos los demás y con ellos se postraba toda la naturaleza, los árboles, las montañas, los animales y las estrellas.

Los profetas desaparecieron uno por uno después de terminar la oración. El Profeta Muhammad y Gabriel salieron de la Mezquita y montaron a Buraq, empezando a elevarse.

En el primer cielo, el Profeta se encontró con Adán, el padre de la humanidad. El Señor de los Universos mandó a Gabriel que el Profeta subiera más, y él lo hizo. Pasó por los Cielos uno tras otro. Se preparaba para salir ante la Presencia Divina.Con respecto a la velocidad de su subida, Buraq iba lento. En el segundo cielo estaban Jesús y Juan. El Profeta les saludó. En este momento se oyó el grito de Dios: «¡Sube, mi siervo, más arriba!»

El Profeta Muhammad subió más. Entretanto, miró a su lado, pero no pudo ver a Gabriel. Volvió atrás y vio a Gabriel en su forma real.

El Profeta siguió elevándose. Por fin, subió hasta la Presencia Divina.

Allí, ante la Presencia Divina escuchó la Palabra Divina directamente de Él. El Señor de los Universos le dijo:

— *¡Te saludan Dios y los ángeles!*

El Profeta Muhammad se postró. Estaba llorando de alegría. En lugar de las penas que había en su corazón, sentía tranquilidad y serenidad inexplicable. Dios mandó que allí el Profeta de los profetas y su comunidad hicieran la oración prescrita. En ese lugar que había surgido fuera de todo tiempo y espacio Dios dispuso de esta manera: «*¡Muhammad! Tú y tu comunidad rezaréis cinco veces al día*».

Esta era sin duda una gracia sublime. La gente podría a partir de entonces acceder a la Presencia de Dios. Podrían hablar directamente con Dios sin mediador. La oración tenía un significado grandioso porque gracias a las palabras del Profeta la oración significaba la ascensión de los creyentes. El viaje tanto espiritual como físico que el Profeta de los profetas hizo más allá de los cielos, lo harían también los musulmanes con su alma cinco veces al día.

Allí el Mensajero de Dios vio, escuchó y presenció cosas que ni siquiera en sueños podría nadie imaginar. No hay palabras para explicar todo lo que vio. Allí Dios y su más Amado Profeta hablaron directamente, sin necesidad de mediador alguno.

Después de este grandioso encuentro el Mensajero de Dios montó en su yegua Buraq y descendió a la Tierra de nuevo. Ya en su habitación, su cama estaba todavía caliente. Cerró sus ojos y se sumió en un profundo sueño. Su corazón estaba lleno de un inexplicable amor…En su alma había tanta tranquilidad como la que gozaba en el Paraíso.

Pasaron muchos años. Aisha, la bendita mujer del Mensaje de Dios, les habló de esta manera a los niños que jugaban a la puerta de su casa:

— ¡Hablad en voz baja, el Mensajero de Dios está enfermo!

Los niños se callaron. Miraron a Aisha con ojos asustados de preocupación. Era cierto que desde hacía ya unos días el Mensajero de Dios no participaba de sus juegos. Su cara, que brillaba como el Sol cuando sonreía, había empalidecido.

Al entrar en su cuarto, se podía percibir cómo aquella espalda que durante muchos años había soportado el peso de los problemas de tanta gente, estaba totalmente cansada. Él fue el único en aceptar la misión que los Cielos, la Tierra y las gigantescas montañas no tuvieron el valor de hacer. Ésta era transmitir las órdenes que había recibido de Dios, salvar a la razón de los pensamientos maliciosos y venerar a Dios el Único. A la cabecera de la cama se encontraban por un lado el hijo de su tío Abbas, Fazil, y por otro Ali. Estaba enfermo, su salud se encontraba totalmente mermada…

Su esposa Aisha, tras acostar al Mensajero, le puso su mano sobre la frente bendita. Sintió que ardía. Con lágrimas en los ojos le dijo al Mensajero:

— ¡Mensajero de Dios! ¿Sientes dolores?

Para tranquilizar a su esposa sonrió y comenzó a dormir.

Nuestro Profeta vivió una vida de sacrificio desde el principio hasta el final. Como cuando fue a la cueva de Hira, ¡qué miedo y qué alegría sintió aquel día! Después, todo cambió y una tormenta de odio lo invadió todo. Los vientos le lanzaron a la cara toda clase de calumnias e insultos.

¡Qué almas tan cerradas vivían en aquellas personas! El Mensajero estaba sólo en medio de las colinas que se extendían por el desierto, en sus labios una sonrisa y en su corazón la paz. Después, su llamada repentina a la multitud que se le presentó enfrente:

— ¡Pueblo Mío! ¡Escuchadme! ¡No hay más deidad que Dios!

Una breve frase salió de su boca pero fue suficiente para asustar a todos los poderes oscuros del mundo. Todos los ídolos tanto los materiales como los espirituales que habían invadido la faz de la Tierra se armaron contra él. No importaba cuál fuera aquel poder oscuro: los líderes, las riquezas, los tesoros, el diablo y sus siervos, las caras hipócritas y todo aquello que se veía amenazado por su existencia se enfrentó a él. Aquellas breves palabras fueron lo suficientemente fuertes como para destruirlo todo:

– ¡No hay más deidad que Dios!

Nuestro Profeta estaba en su casa de La Meca la noche de la Hégira. Todo estaba oscuro. Cuarenta mercenarios apostados en los alrededores de su casa, esperaban para matarlo. El Profeta quiso que Ali se acostara aquella noche a su lado. Poco después, como si nada hubiera pasado, abrió la puerta y permaneció en la oscuridad. Los guerreros de la incredulidad se apoderaron de lugar. Cogió un puñado de arena y se les arrojó a los enemigos a la cara. Poco después todos estaban dormidos. El Mensajero de Dios logró salir tras vencer el cerco. ¿Quién podría enfrentarse a Dios?

Los días pasaban y su camino no llegaba a su fin. Los desiertos de la Península Arábiga quemaban como el fuego. Cuerpos cansados, labios resecos y dunas sin fin.

Los idólatras de La Meca les perseguían. Poco después, él y su buen amigo Abu Bakr se refugiaron en una cueva oscura. No tenían armas pero sí muchas sus enemigos. Los idólatras ya estaban a las puertas de la cueva. Si cualquiera de ellos hubiera asomado la cabeza, podría haberlos visto. Sin embargo, Dios mandó una paloma a la cueva que inmediatamente hizo allí su nido y se posó, haciendo un nido y colocando allí sus huevos. Una araña enseguida tejió su tela cubriendo la entrada. Estas eran las armas del Mensajero de Dios: una paloma y una araña.

Al ver los idólatras tanto el nido como la tela pensaron que nadie podría haber entra en la cueva desde hacía años y se volvieron. La frágil tela y los delicados huevos de paloma se habían convertido en espadas cortantes y armaduras de hierro. Así fue cómo se salvaron el Mensajero y su amigo.

El Profeta de los profetas entraba en Medina. Los Ayudantes los recibían con alegría y hospitalidad. En aquel momento en el que su familia y sus parientes lo habían abandonado el pueblo de La Meca lo acogía... Él era un Sol y ellos eran las estrellas que lo rodeaban como un halo. Ese día fue cuando el Islam empezó a establecer su civilización en Medina, antes se habían formado las personas que lo conseguirían encumbrar.

La obligación de armarse y luchar recaía sobre el Profeta de la Misericordia.¿Qué otra opción tenía si no ésta? El ejército de la oscuridad vino a Medina para destruir el luminoso mundo que había establecido el Mensajero de Dios. No había más alternativa que la ley del talión igual que, si ellos les hubieran ofrecido una rosa, los musulmanes les habrían puesto a sus pies una rosaleda.

Comenzaron las batallas entre ellos. El número de los soldados enemigos multiplicaba el de los musulmanes. Al comenzar la batalla se levantó una gran nube de polvo. El sudor y la sangre de los guerreros se mezclaron. Se dispararon flechas, chocaron las espadas. La muerte se llevó a muchos de los soldados de la batalla.

Por un momento pareció que los musulmanes se debilitaban. Cuando los idólatras pensaban que habían ganado, la voz del Mensajero de Dios retumbó en el campo de la batalla:

— ¡Soy el Mensajero de Dios, Muhammad! ¡Soy el nieto de Abdulmutalib!

El Gran Comandante reunió a sus tropas y así fue como el ejército musulmán venció a los enemigos. Para celebrar la victoria con los suyos, el Mensajero de Dios se sentó con ellos. Repartió el botín de guerra entre todos, excepto entre los Ayudantes. Entre los Ayudantes, algunos que acababan de convertirse al Islam y que todavía no habían alcanzado la madurez deseada, pensaron que el Mensajero de Dios se había olvidado de ellos.

Esto podría haber traído la discordia pero el Mensajero de Dios era perspicaz y solucionaba los problemas fácilmente. Reunió a los Ayudantes en un lugar apartado y les lanzó este discurso histórico:

— ¡Ayudantes! He oído que en vuestro fuero interno os sentís ofendidos por mí. Si les he dado a algunas personas una parte del botín, era para hacerles querer el Islam. La recompensa de la fe no se encuentra en el mundo terrenal. Mientras otros vuelven a casa con pagos terrenales como un camello o una oveja, ¿no os gustaría a vosotros regresar conmigo? Juro por Dios que si el resto de las personas fueran hacia un valle y los Ayudantes se dirigieran hacia otro distinto, yo, sin dudarlo ni un segundo, ira con los Ayudantes. Si no hubiera formado parte de los Emigrantes, no sabéis cuánto hubiera deseado ser uno de vosotros. ¡Que Dios proteja a los Ayudantes, sus hijos y sus descendientes!

Todos lloraron de emoción y exclamaban hasta que sus fuerzas lo permitían: «¡Dios y su Mensajero nos basta!».

El Profeta de los profetas entraba en La Meca tras el cansancio de la lucha. Había sido un día maravilloso. El ejército del Islam descendía por las montañas de La Meca hacia la ciudad como un diluvio imparable. Diez mil soldados armados iban a la ciudad. Aparte de los ojos el resto de los cuerpos iba cubierto por una armadura. Las espadas del ejército de la luz brillaban bajo el Sol. Las tropas iban en formación. Los arqueros, los soldados, los caballeros, los Ayudantes, los Emigrantes y a la cabeza de todos el Profeta de los profetas.

Volvía con un gran ejército a la ciudad que él había abandonado una noche junto a su gran amigo Abu Bakr. La Meca, en donde se había ordenado a un grupo de mercenarios para asesinarlo, era la que se entregaba ahora a sus pies. Era un Gran Comandante pero nunca se olvidó de que todas aquellas gracias venían de Dios. Entró humildemente en La Meca con la cabeza inclinada sobre la montura.

La gente de La Meca, reunida esperaba que de su boca salieran castigos terribles. El Profeta de la Misericordia se les acercó y dijo: «Podéis iros, sois libres. Hoy no habrá venganzas. ¡Que Dios os perdone!»

El Profeta de los Profetas limpió la Kaba de estatuas de ídolos y le mandó hacer la llamada a la oración a Bilal. La Kaba volvía a ser la misma. A partir de entonces los musulmanes venerarían allí a Dios, el Único.

Tras ello el Mensajero cayó enfermo. El Profeta de los profetas se despertó con los silenciosos llantos de su esposa Aisha. Miró largo y tendido a su esposa. Le dolía mucho la cabeza pero intentó disimularlo apretando los dientes. Le miró a los ojos y le sonrió. Después otra vez cerró sus ojos.

El Mensajero de Dios abrió los ojos de nuevo y no encontró a nadie a su lado esta vez. La fiebre era alta. Su cuerpo era presa de los dolores. Llamó a Aisha y le pidió agua fría. Las esposas del Profeta empezaron a echar agua fría sobre él para bajarle la fiebre. ¿Habría algo todavía por decir a la gente?

Le había enseñado todo a su gente. Si ellos abrazaban el Corán y los dichos y hechos del Profeta de los profetas nunca se equivocarían.

El Profeta de nuevo cerró los ojos y comenzó a dormir.

El Mensajero decía las últimas palabras sobre Dios a sus más de cien mil Compañeros en la Peregrinación (Hayy) de Despedida. Les hacía sentir a esa congregación bendita que el momento despedirse de este mundo estaba cerca.

Enviaba a Muaz a Yemen para enseñar el Islam allí. El Mensajero de Dios, al tomar Muaz las riendas de su caballo, le dio el último consejo:

— Los que actúen como auténticos creyentes de Dios estarán conmigo en el otro mundo, así como los que Le amen y tengan temor de Él.

El Profeta Muhammad era el símbolo de la misericordia, la auténtica hermandad y la humildad para todas las personas. Fue el mayor líder visto nunca antes por nadie, pero vivió como uno de nosotros. Siempre, se dirigía a sus Compañeros de este modo:

— Soy el siervo de Dios, cuando habléis de mí decid «Muhammad, el siervo y Mensajero de Dios».

Sus Compañeros solían ponerse de pie cuando lo veían pero él les pedía que no lo hicieran y se sentaba donde hubiera lugar libre. Solía preocuparse por sus Compañeros e intentaba solucionar sus problemas. Jugaba con los niños y los sentaba en su regazo. No diferenciaba a ricos de pobres y aceptaba las invitaciones de todos. Si alguien estaba enfermo iba a verlo aunque estuviera al otro lado de Medina.

Cuando se encontraba con alguien él era el primero en saludarlo. Si mientras rezaba, alguien venía a consultarle algo, paraba la oración y, después de resolver el problema, volvía a retomarla. De toda su gente él era el más sonriente, el de mejor corazón y el más generoso.

Hacía sus tareas él mismo y ayudaba a sus mujeres en las tareas de la casa. Lavaba sus ropas, cosía las roturas de sus vestidos. Ordeñaba las ovejas y reparaba sus sandalias. Era muy humilde; comía con los siervos, ayudaba a los pobres y necesitados. Cuando rezaba, sus nietos se le subían a los hombros y él les permitía jugar allí.

Era tan generoso que no sólo pensaba en los humanos sino también en los animales y los árboles. Abría la puerta de su casa a los animales que tuvieran frío. Alimentaba a los animales, los cepillaba y curaba sus heridas. Protegía a los árboles. Advertía a los ejércitos musulmanes que iban a la batalla así:

— ¡No matéis a los niños, a los viejos, a las mujeres ni a las personas religiosas! ¡No derribéis las casas! ¡No cortéis los árboles!

Repartía toda su riqueza por Dios. Aunque él tuviera hambre alimentaba a los niños, a las mujeres pobres y viudas. No acumulaba nada para el futuro ni el día de su muerte, aunque gobernaba toda la Península Arábiga, su armadura estaba empeñada a un judío a cambio de una comida para su familia.

El Profeta de los Profetas abrió los ojos. Gabriel le estaba mirando en la cabecera de la cama. Gabriel le dijo:

— ¡Mensajero de Dios! ¡Saludos! El ángel de la muerte pide permiso para salir ante ti. Él nunca ha pedido permiso a nadie y nunca lo pedirá después de ti tampoco. Dios te ofrece dos opciones: vivir bajo los placeres mundanos o unirse a Él. Puedes elegir lo que quieras.

El Profeta Muhammad, el Profeta de los Profetas, dijo:

— ¡A *Rafiq al-A'la*! (¡Al Amigo Más Alto!)

Gabriel dejo paso a Azrail, el ángel de la muerte. Cuando Azrail entraba en el cuarto del Mensajero de Dios, sus alas tocaban al cielo. Y le saludó con una reverencia.